KB152510

스타트업
START-UP NATION
네이션

유니콘의 기적이 시작되는

스타트업 네이션

손영택 지음

START-UP NATION

한국경제신문

서문

한국 경제의 미래는 스타트업에 있다

장면 하나. 경제 전문지 〈포천〉 500에 오른 기업의 성장세를 살펴보자. 2009년부터 2017년까지 아마존은 7.1배, 애플은 6.64배, 소프트뱅크는 3.12배 커졌다. 한국 기업은 어떨까? 같은 기간 삼성은 1.58배, 포스코는 1.2배, 현대차는 1.11배 성장하는데 그쳤다. 한국 기업이 제자리에 머무르는 동안 미국과 일본 기업은 뛰고 있다.

장면 둘. 2018년 8월 스타트업 컨설팅 업체 CB인사이츠(CB Insights)가 260개 글로벌 유니콘(Unicorn)을 발표했다. 유니콘은 기업가치가 10억 달러 이상인 스타트업을 뜻하는데, 중국 기업은 83개가 포함되었지만 한국 기업은 3개뿐이다. '중국의 우버(Uber)'라 불리는 디디추싱(Didi Chuxing)은 기업가치가 560억 달러에 이른다. 동영상 애플리케이션과 뉴스를 제공하는 바이트댄스(Bytedance)는 기업가치가 200억 달러다. 바이트댄스는 신입사원을 매주 채용하는 기업으로 유명하다. 우리는 중국이 우리를 뒤쫓는다고 생각하지만 현실은 그렇지 않다.

한국은 왜 뒤처지는가? 한강의 기적에서 인터넷 벤처에 이르기까지 한국 경제는 위기를 극복하고 새로움을 추구하는 강렬한 성장 DNA를 가졌었다. 하지만 지금은 그것이 사라졌다. 정부는 미래 전략을 제시하지 못하고, 기업은 우왕좌왕하며 돈을 쌓아두는 동안 개인은 공무원 시험과 프랜차이즈 창업에 빠져들었다. 전 세계가 앞으로 나아가는 동안 우리만 제자리에 서 있다.

이 책은 사라진 한국 경제의 성장 DNA를 찾기 위한 첫걸음이다. 우리의 가슴속에 불을 지필 '무엇'을 찾는다면 한국 경제는 새로운 돌파구를 마련할 수 있다. 그래서 '사람'에 주목한다. 한국 경제에는 사람이 없다. 정확히 말하자면 대기업과 경제 전문가만 가득하다. 대기업은 한국 경제에 이바지하는 바가 크지만 새롭지 않다. 우리의 가슴을 타오르게 할 무엇이 없다. 경제 전문가는 현재를 분석할 뿐 미래를 제시하지 못한다. 무엇이 문제인지 알려주지만 해결책에 대해서 입을 다문다. 왜냐하면 그들도 모르기 때문이다. 한국 경제가 변해야 한다고 말하지만 어떻게 바꾸고, 무엇을 해야 할지 경제 전문가는 알지 못한다.

한국 경제의 미래는 스타트업에 있다. 스타트업은 더 이상 새로운 용어가 아니지만 그 의미는 여전히 새롭다. 스타트업은 새로운 기술로 과거에 존재하지 않았던 시장을 스스로 개척한다는 점에서 의미가 있다. 우버의 매출은 10조 원에 못 미친다. 하지만 기업가치는 미국 자동차 빅3(GM, 포드, 크라이슬러)를 합친 것보다 많은 135조 원이다. 매출과 기업가치의 불일치는 버블이 아니라 국가 경제의 구조적 변화를 보여주는 현상이다. 새로운 성장동력이 절실한 한국 경제에 스타트업이 필요한 이유다.

스타트업은 역동성 그 자체다. 전 세계가 알리바바(Alibaba)에 주목하지만 알리바바 이전에 그루폰(Groupon)이 있었다. 그루폰은 빠르게 유니콘으로 성장했다. 하지만 그만큼 빠르게 소멸해 갔다. 그루폰의 슬픈 이야기를 스타트업 생태계 차원에서 바라보면 전혀 다른 지점을 가리킨다. 그루폰의 부상과 쇠락, 뒤이은 알리바바의 폭발적 성장은 빠르고 활기차게 돌아가는 신경제의 또 다른 모습이다. 스타트업의 성장 과정은 대기업 중심의 한국 경제에 신선한 자극이 된다. 새로운 활력이 절실한 한국 경제에 스타트업이 필요한 이유다.

누구에게나 인생의 변곡점이 한 번쯤 찾아오듯, 영국 유학 시절은 기존에 갖고 있던 방향과 가치를 완전히 뒤바꿔놓았다. 법조인으로 히스로(Heathrow) 공항에 도착했지만, 인천공항으로 나올 때는 스타트업 전도사가 되었다. 영국은 스타트업 클러스터인 테크시티(Tech City)로 국가 경제를 재건하기 시작했고, 사회에 활기를 불어넣고 있었다. 현장에서 확인한 스타트업의 역동성은 나를 바꾸었고, 귀국 후에 공간정보라는 새로운 분야에 뛰어들게 만드는 원동력이 되었다.

또한 매년 미국 라스베이거스에서 열리는 CES(세계가전전시회)는 새로운 것에 대한 설렘과 기대의 연속이었다. 스타트업의 제품과 서비스는 참신함을 넘어 의아할 정도로 혁신적이었다. 그것이 만들어내는 사회적 가치에 놀랄 수밖에 없었다. 그리고 시간이 갈수록 한국 경제의 미래 동력은 스타트업에 있음을 확신했다. 스타트업은 성장을 위해 선택해야 할 또 다른 옵션이 아니었다. 생존을 위해 반드시 달성해야 할 한국 경제의 모든 것이었다. 이것을 알게 되고, 체험했다. 그리고 나만의 스타트업을 시작하기로 결심했다.

무엇보다도 스타트업은 새로운 신화다. 이것은 기존 기업과 CEO가 가질 수 없는 전략 자산이다. 일본이 손정의(孫正義)에게, 미국이 제프 베조스(Jeff Bezos)에게, 중국이 마윈(馬雲)에게 열광하지만 한국에는 그럴 만한 인물이 없다. 한국도 모두가 열광할 새로운 신화를 찾아야 한다. 새로운 신화가 없다면 지금부터라도 신화를 만들 수 있는 스타트업을 시작해야 한다. 새로운 스토리텔링이 요구되는 한국 경제에 스타트업이 필요한 이유다.

신화는 혼자의 힘으로 만들어지지 않는다. 함께 힘을 모았을 때 만들어진다. 스타트업의 CEO를 비롯해 함께 일하는 사람들 개개인과 국가 정책이 정확하게 맞아떨어져야만 가능하다. 그렇기에, 젊은 창업가들이 혁신을 위해 마음 놓고 달릴 수 있도록 국가가 안전망이 되어야 하고, 더 힘차게 달릴 수 있도록 밀어주는 지원군이 되어야 한다.

제대로 된 정책의 출발은 경청이다. 주목받는 스타트업의 CEO를 만나서 그들이 그 자리에 도달할 수 있었던 비결부터 그간의 어려움, 현재의 고민을 듣고 함께 나아가야 할 방향을 모색하는 시간을 가졌다.

이 책에서 소개할 7인의 CEO는 자신의 스타트업을 유니콘으로 성장시킬 차세대 주자들이다. 이들은 '4차 산업혁명의 ABCD'라 불리는 인공지능(AI), 블록체인(Blockchain), 클라우드(Cloud), 빅데이터(Big Data analysis) 분야에서 차별화한 기술로 주목을 받고 있다. 게다가 자신만의 분명한 미래 전략을 시장에 제시한다. 따라서 이들 스타트업과 CEO의 스토리는 우리 가슴에 불을 지피는 부싯돌이자 한국 경제의 미래를 위한 해결책 그 자체다.

7인의 메시지에 주목하며 이 책은 크게 세 부분으로 구성되었다. 1장에선 한국 경제가 처한 암울한 상황에서 스타트업이 왜 필요한지 제시했다. 스타트업은 미래를 위한 투자가 아니라 지금의 한국 경제를 위한 최상의 선택이다. 스타트업을 성장시키기 위해 국가와 사회가 무엇을 고민해야 하는지 살펴본다. 2장부터 8장까지에는 예비 유니콘이라 할 수 있는 7인의 스타트업 CEO의 메시지가 담겨 있다. 이를 통해 한국 경제의 새로운 길을 모색하고자 한다. 또한 9장에서는 스타트업에 실패한 후 경영학 교수로 돌아온 전문가에게 CEO 메시지의 실효성을 확인하고자 했다. 10장과 11장에는 한국 경제와 스타트업을 위한 인사이트가 제시되어 있다. 7인의 스토리는 많은 사람에게 새로운 신화로 자리한다. 이제 그들에게서 체득한 인사이트를 사회적으로 확산해야 한다. 이것은 한국 경제의 현실적 고민을 해결하기 위한 방법론으로 기능할 것이다.

한국 경제의 미래가 어떨지는 예측할 수 없다. 다만 7인의 CEO가 가는 길이 한국 경제가 나아가야 할 방향임을 말해줄 뿐이다. 새로운 신화를 향해 달려가는 그들의 여정에 독자도 함께하기를 바란다.

스타트업
START-UP NATION
네이션
차례

그렇다면 스타트업 종사자, CEO, 언론, 그리고 각종 수치가 지적하는 한국 스타트업의 위기는 도대체 무엇일까? 이들이 말하는 위기의 본질은 하나로 귀결된다. 한국 스타트업은 더 이상 성장하지 못한다. 지금의 한국 스타트업은 수천만 원에서 수억 원대에 이르는 창업 초기 단계에 몰려 있을 뿐 1,000억 원대 매출의 중견 기업과 10억 달러 가치의 유니콘으로 성장하지 못한다.

START-UP
NATION

CHAPTER 1

스타트업을 위한 나라는 없다

스타트업을 위한 나라는 없다

경제의 불로초, 스타트업

매주 신입사원을 채용하는 기업이 있다면 믿을 수 있는가? 최악의 고용 대란을 겪는 한국 청년들로서는 상상할 수 없는 일이 이웃 나라 중국에서 현실로 나타나고 있다. 동영상 메신저 '틱톡(TikTok)'을 운영하는 바이트댄스는 매주 월요일마다 신입사원을 채용한다. 중국의 실리콘밸리로 알려진 중관촌(中關村)에 자리한 바이트댄스는 이미 2만 명의 인력을 보유한 거대 기업이지만, 여전히 성장을 거듭하며 끊임없이 중국 젊은이를 끌어들이고 있다.

한국에선 아직 낯선 존재이지만 바이트댄스는 이미 우버를 넘어선 세계 최대 스타트업이다. 2018년 11월 바이트댄스의 기업가치는 750억 달러, 우리 돈으로 85조 원에 육박한다. 그동안 세계 최대 스타트업으로 알려진 우버의 720억 달러를 훌쩍 넘는 수치다. 게다가 바이트댄스는 불과 1년 만에 기업가치가 7배 이

중국의 데카콘 (단위: 달러)

스타트업	기업가치	산업	유니콘 시점
바이트댄스	750억	디지털 미디어/AI	2017년 04월 07일
디디추싱	560억	공유 차량 서비스	2014년 12월 31일
루닷컴(Lu.com)	185억	핀테크	2014년 12월 26일
비트메인 테크놀로지스 (Bitmain Technologies)	120억	블록체인	2018년 07월 06일
디제이아이	100억	드론	2016년 05월 06일

출처: CB인사이츠, The Global Unicorn Club

상 급증했다.

게다가 지금까지 한국에서 유니콘으로 평가받는 스타트업은 3개뿐이지만 중국에서는 매주 2개씩 새로운 유니콘이 탄생한다. 게다가 기업가치가 100억 달러 이상인 신생 벤처기업을 이르는 '데카콘(Decacorn)'의 경우 전 세계 16개 가운데 중국이 5개를 보유하고 있다. 중국은 9개 데카콘을 보유한 미국과 유일하게 경쟁할 수 있는 상대다.[1]

중국 스타트업의 성장이 단지 거대한 내수 시장 때문만은 아니다. 중국 최대 전자상거래 기업 알리바바는 자회사인 핀테크 스타트업 앤트파이낸셜(Ant Financial)의 블록체인 기술을 활용해 5초 만에 보험금을 지급하는 서비스를 시작했다.[2] 또한 군사 안보를 이유로 중국 화웨이(Huawei)의 5G 통신장비 설치를 배제한 미국이지만 중국 드론 메이커 디제이아이(DJI)의 드론 기술력에는 두 손을 들었다. 2018년 미 공군은 중국산 드론 구매 협약을 발표했다. 군사용 드론의 경우 비행 데이터가 클라우드에 남게 되어 기밀 유출이 우려되지만 미 공군은 중국산 이외에 다른 대안이 없었다.[3] 중국 스타트업은 4차 산업혁명의 핵심 분야에서 세계적 수준의 기술력을 선보이고 있다.

폭발적 성장을 거듭하지만 중국 스타트업은 여전히 언더독(Under dog)이다. 글로벌 스타트업 생태계의 탑독(Top dog)은 미국이다. 미국은 스타트업의 본산이자 유니콘을 가장 많이 보유한 국가다. 미국 경제는 이미 스타트업이 성장을 이끌고 있다. 정보기술과 혁신 경제 관련 싱크탱크인 ITIF(Information Technology and Innovation Foundation)는 2007년부터 2016년까지 기술 기반 스타트업이 미국 경제에 얼마나 기여하는지 분석했다.[4] 예상대로 스타트업은 양질의 일자리를 만드는 핵심 동력이다. 미국 하이테크 산업 일자리 증가의 60%가 스타트업에서 창출됐다. 기술 기반 스타트업은 2007년 120만 개, 2011년 110만 개, 2016년 150만 개의 일자리를 미국 청년에게 꾸준히 제공했다. 게다가 스타트업은 다른 산업에 대한 일자리 파급효과도 매우 크다. 스타트업이 일자리 하나를 만들어내면 다른 산업에 5개의 일자리가 추가로 생겼다.[5]

스타트업이 만들어내는 일자리는 질도 좋다. 2016년 기준으로 기술 기반 스타트업 종사자의 평균 연봉은 102,000달러로 미국 전체 평균 연봉의 2.13배를 기록했다. 또한 스타트업의 연봉 증가율은 전 산업의 평균 연봉 증가율 3%를 훨씬 능가하는 20%로 나타났다. 미국 경제가 120개월 연속 성장이라는 엄청난 호황을 누리는 배경에는 스타트업이 만들어낸 양질의 일자리가 있다.

스타트업의 의미는 양질의 일자리를 넘어선다. 스타트업은 미국 경제에 '불로초' 역할을 담당하며 새로운 활력을 끊임없이 제공한다. 이것은 지난 10년의 변화에서 분명히 드러난다. 2008년과 2018년의 미국 시가총액 상위 10개 기업을 비교해보면 서로 겹치는 기업은 5개뿐이다. 다시 말해 미국 경제를 상징하는 간판이 불과 10년 만에 절반이나 바뀌었다. 게다가 미국 경제는 시간이 흐를수록 젊어졌다. 2008년 상위 10개 기업의 평균 나이는 94.1년이지만, 2018년에는 74.2년으로 20년이나 젊어졌다.

설립한 지 14년 만에 미국에서 다섯 번째로 큰 회사로 성장한 페이스북처럼 미국 경제의 새로운 상징은 전통 제조업의 울타리에서 벗어난 기술 기반 스타트업이다. 당신이 이 책을 읽는 순간에도 미국 경제는 스타트업으로 끊임없이 혁신하고 역동적으로 성장하며 하루하루 젊어지고 있다.

2008년과 2018년 미국 시가총액 상위 10개 기업 (단위: 억 달러)

	2008년			2018년		
순위	기업	설립	시가총액	기업	설립	시가총액
1	엑손	1870	4,920	애플	1976	8,900
2	GE	1892	3,580	구글	1998	7,680
3	MS	1975	3,130	MS	1975	6,800
4	AT&T	1885	2,380	아마존	1994	5,920
5	P&G	1837	2,260	페이스북	2004	5,450
6	버크셔	1955	2,060	버크셔	1955	4,960
7	구글	1998	1,980	J&J	1886	3,800
8	셰브런	1879	1,920	JP모건	1871	3,750
9	J&J	1886	1,920	엑손	1870	3,670
10	월마트	1962	1,840	BoA	1909	3,160

글로벌 스타트업 대전에 유럽도 적극적으로 뛰어들었다. 유럽에 주목할 점은 설립 이후 100만 달러 이상 투자를 유치하거나, 최근 3년 동안 총매출액 또는 직원 수가 연평균 20% 이상 증가한 스타트업인 스케일업 기업이 두드러진다는 것이다. 유럽의 스케일업 기업은 2017년 1,220개에 달하며 전년 대비 28% 증가했다.[6]

유럽 스케일업 기업에 주목하는 이유는 생태계 때문이다. 스타트업은 국가 경제의 새로운 성장 엔진이지만 너무나 큰 비용을 치러야 한다. 100개의 스타트업이 창업하면 90개가 1년 안에 망하고, 나머지 10개 중 5개는 3년 안에 망하며, 다시 5개 중 3개는 5년 안에 망한다는 이야기는 경제에 관심 있는 사람이라면 누구나 아는 상식이다. 게다가 혁신 성장의 특성상 살아남은 기업이 시장을 독식할 가능성이 매우 크다. 이에 따라 유럽은 건전한 생태계를 조성해 스타트업 경제의 혁신성을 최대한으로 끌어내는 동시에 리스크를 최소화하는 정책적 대응을 시도하는 중이다.

유럽의 대응을 상징적으로 보여주는 국가가 핀란드다. 글로벌 시장에서 한국이 삼성이라면, 핀란드는 노키아 그 자체로 인식되었다. 하지만 노키아는 정보통신 시장의 변화에 적응하지 못해 쓰러졌고 그 여파는 핀란드 경제 전반에 악영향을 미쳤다. 그러자 핀란드는 스타트업에서 해법을 찾았다. 국제학업성취도평가(PISA)에서 최상위권에 위치하는 교육 시스템은 혁신 경제의 인프라로 기능했고, 핀란드 정부의 기술혁신지원청(Tekes)은 스타트업 모태 펀드 역할을 담당했다. 과감한 규제 철폐와 투자가 더해진 핀란드의 스타트업 생태계는 글로벌 금융 위기 이후 10년간 다섯 차례 마이너스 성장을 겪어야 했던 핀란드 경제를 다시 일으켜 세우는 원동력이 되었다.[7]

미국, 중국, 유럽이 스타트업으로 성장하는 동안 우리는 어떤가? '배달의민족'을 운영하며 한국을 대표하는 스타트업 CEO로 평가받는 우아한형제들의 김봉진 대표는 단호하게 잘라 말한다. "한국 스타트업 생태계는 동남아보다 못하다."[8] 한국 스타트업은 어디에서부터 잘못되었을까? 이 질문의 해답을 찾기 위한 슬픈 여정을 본격적으로 떠나보자.

한국은 왜 스타트업으로 성장해야 하는가

한국 반도체는 세계 최고다. 삼성전자와 SK하이닉스는 2018년 다시 한 번 최대 실적을 기록했다. 삼성전자 영업이익에서 반도체가 차지하는 비중은 70%가 넘고, SK하이닉스의 영업이익은 SK텔레콤, SK이노베이션 등 SK그룹의 나머지 계열사 영업이익을 합친 것보다 5배나 많다.

한국 반도체는 왜 이리 강할까? 선제적 투자와 기술 혁신 등 많은 성공 요인이 있지만, 핵심은 수요에 있다. 세계적으로 반도체가 필요한 제품과 서비스가 폭발적으로 성장하기 때문에 제조사가 엄청난 이익을 내고 있다.

반도체는 4차 산업혁명 시대의 '쌀'이다. 우리가 일상에서 접하는 모든 ICT 기기는 반도체를 필수로 탑재한다. 개인이 생산하고, 유통하며, 소비하는 엄청난 양의 데이터를 반도체가 처리하기 때문에 점점 더 많은 반도체가 필요하다.

그렇다면 한국은 4차 산업혁명 시대의 쌀인 반도체를 가지고 얼마나 다양한 제품과 서비스를 시장에 내놓을 수 있을까? 유감스럽게도 우리는 쌀을 만들어낼 뿐 '밥'은 짓지 못하고 있다. 이런 식이면 한국은 4차 산업혁명 시대의 농경 국가로 전락할 위기에 놓여 있다. 스타트업은 우리가 밥을 지을 수 있는 유일한 대안이다.

스타트업이 경제 성장에 기여하는 부분은 미국의 사례에서 확인했다. 스타트업은 양질의 일자리를 만들어내며 국가 경제를 이끌고 있다. 여기서 주목해야 할 사실은 스타트업이 창출한 고용 효과는 주로 청년층에서 발생한다는 점이다. 한국이 스타트업을 통해 성장해야 하는 이유가 바로 이 때문이다.

연구자 정의에 따라 다를 수 있지만 경제 성장의 본질은 단순하다. 경제 성장은 유통되는 자본의 총량이 늘어나고 고용 인원이 증가하는 것을 의미한다. 한국 경제가 위기에 빠진 것도 고용 없는 성장 때문이다. 한국은 매년 기록을 경신하며 세계에서 6번째로 수출을 많이 하는 국가다. 밖에서 돈을 잘 벌기 때문에 한국 경제는 계속 성장해야 하지만 우리는 항상 경제 위기를 걱정한다. 왜냐하면 해외에서 벌어들이는 돈이 많아서 자본의 양은 늘었지만 고용이 정체되었기 때문이다. 떨어지지 않는 부동산 가격도 마찬가지다. 고용이 뒷받침되지 않는 부동산 산업은 자본이 늘어나도 유통하지 못하고 버블을 양산한다.

자본 총량과 고용이라는 두 요소의 물꼬를 동시에 터줄 산업은 서비스업과 스타트업뿐이다. 이 가운데 서비스업은 단기간에 획기적으로 개선하기 쉽지 않다. 한국은 내수 시장이 작아서 규모의 경제를 달성하기 어렵다. 게다가 한국인은 소비할 돈이 없다. 부동산, 사교육, 육아에 많은 돈이 묶여 있다. 서비스업은 소비가 선행되어야 하는데 경제 주체의 여력이 없다 보니 돈이 돌지 않고 신규 고용도 늘지 않는다.

스타트업은 다르다. 여전히 작은 시장 규모가 산업을 제약하지만 스타트업은 기존 산업과 비교하면 규모의 제약을 쉽게 허물 수 있다. 게다가 스타트업이 서비스업과 결합하면 이전에 볼 수 없었던 수준의 승수효과(multiplier effect)가 발생한다. 미국을 대표하던 오프라인 유통 공룡 시어스(Sears)가 몰락하는 동안 아마존의 시가총액이 1조 달러를 돌파한 사실은 스타트업과 서비스업의 결합이 가져온 승수효과를 여실히 입증한다. 이러한 승수효과는 규모의 한계를 상쇄한다.

한국 경제에 있어서 스타트업이 가진 중요한 의미는 이뿐만 아니다. 한국 경제에서 청년 일자리를 획기적으로 늘릴 수 있는 분야는 없다. 성장을 멈춘 대기업은 40대 직원도 희망퇴직 대상에 포함했다. 국민 세금으로 월급을 주는 공무원의 증원은 말 그대로 왼쪽 주머니에서 오른쪽 주머니로 옮기는 격이다. 스타트

미국 주요 기술기업의 직원 평균 나이

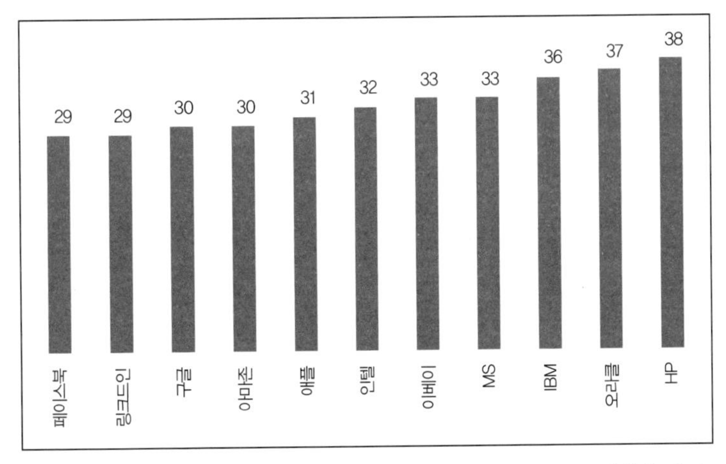

출처: PayScale

업만이 한국 경제의 최대 난제인 청년 실업을 해결할 수 있다.

여기에서 미국 컨설팅 업체 페이스케일(PayScale)의 분석을 살펴보자. 연봉, 직무만족도 등 다양한 기업 정보를 제공하는 페이스케일은 매년 주요 기술기업의 현황을 비교해 발표한다. 여기에는 직원의 평균 연령도 포함된다. 스타트업으로 시작한 기술기업의 직원 평균 나이를 살펴보면[9], 페이스북은 불과 29세다. 링크드인(LinkedIn) 역시 29세다. 뉴욕 증시에서 시가총액 기준 최상위에 자리한 구글과 아마존도 직원 평균 나이가 30세에 불과하다. 38세의 HP, 37세의 오라클(Oracle), 36세의 IBM과 비교해보면 상대적으로 젊다. 어찌 보면 당연하다. 스타트업은 청년 기업이다. 청년이 창업하고, 청년이 운영하며, 청년이 청년을 고용한다. 오로지 청년으로 구성된 스타트업이 많을수록 청년 일자리도 덩달아 늘어난다. 한국 경제에 스타트업이 절실한 이유다.

그렇다면 한국 스타트업은 성장을 거듭하며 양질의 청년 일자리를 만들어내는가? 한국 스타트업은 우울하다. 글로벌 컨설팅 기업 딜로이트(Deloitte)는 2015년에서 2017년 사이 아시아·태평양 지역에서 매출 증가율이 높은 스타트업 500곳을 분석했다. 이들 기업의 연평균 매출 증가율은 무려 600%다. 1위를 차지한 중국의 케이닷컴(Ke.com)은 3년 동안 3만 2,179%나 성장했다. 국가별로 살펴보면 중국은 이 중 149개를 보유해 가장 많다. 대만이 91개, 호주가 71개, 인도가 61개로 뒤를 잇는다. 반면 한국은 44개에 불과하다. 수치뿐만 아니라 스타트업 종사자와 언론의 평가도 박하다. 한국을 스타트업의 '무덤'으로 표현하고 스타트업 CEO는 교도소 담장 위를 걷는다고 평가한다.

게다가 이해관계자 간 갈등은 도를 넘어서고 있다. 기득권을 지키려고 폭력을 불사하고, 정치인과 공무원은 이익집단의 눈치를 보느라 스타트업을 옥죄고 있다. 공유 차량 서비스를 생각해 보자. 매년 태국을 방문하는 100만 명의 한국 관광객은 방콕에서 우버와 그랩(Grab)을 이용하는 데 전혀 문제가 없다. 심지어 한국 공무원과 택시 기사도 태국을 여행하면서 손쉽게 두 기업의 서비스를 이용한다. 그런데 유독 한국에서만 안 되는 이유는 무엇일까? 우버가 세계 최대 유니콘으로 성장하고, 그랩이 현대자동차로부터 2,800억 원 이상 투자를 유치하는 와중에 한국의 공유 차량 스타트업은 파산하고 있다.

예상되는 피해와 문제점을 최소화하려는 사회적 대응은 필요하지만 새로운 혁신의 도입 자체를 막아서는 안 된다. 산업혁명 당시 러다이트운동과 구한말 쇄국 정책에서 알 수 있듯 시대 변화에 역행하는 움직임은 결국 파괴적 결말로 이어질 뿐이다.

혁신 경제의 데스밸리

2017년 2월 주영섭 중소기업청장은 대한상공회의소(대한상의) 이동근 부회장에게 이례적으로 항의 전화를 직접 했다.[10] 항의 전화의 요지는 간단하다. 대한상의는 자체 보고서 〈통계로 본 창업 생태계 연구〉에서 한국 벤처기업의 3년 생존율이 38%에 불과하다는 보도자료를 발표했다. 벤처 3만 개 시대라지만 창업 후 62%가 3년 이내 사라진다는 충격적 내용이었다. 그러자 중소기업청은 즉각 반박 자료를 내고 국내 벤처기업의 생존율은 77.4%

라고 발표했다.

결과적으로 대한상의의 보도자료는 틀렸다. 보고서에서 언급한 3년 생존율 38%는 벤처기업이 아니라 치킨집을 포함한 모든 창업 기업의 수치다. 보고서 내용을 보도자료로 작성하는 과정에서 심각한 오류가 발생했다. 이 갈등은 이동근 부회장이 주영섭 청장에게 해명하는 것으로 마무리되었다.

중소벤처기업부로 승격한 중소기업청이 해프닝에 청장이 직접 항의 전화를 할 만큼 민감하게 반응한 이유는 '한국 벤처는 창업도 잘하고, 생존도 잘한다'라는 전제를 훼손하지 않고 싶어서다. 실제로 한국 스타트업은 창업을 잘한다. 여기에 다양한 이유가 존재하지만 무엇보다도 창업 지원이 잘되어 있다. 중소벤처기업부가 추진하는 벤처 창업 관련 사업은 42개나 된다. 대기업, 대학, 펀드 등 민간 분야의 다양한 지원 프로그램을 더하면 창업 초기에 필요한 대부분을 충당할 수 있다. 쉽게 말해 아이디어가 있고, 이것을 잘 포장할 사업계획서만 있으면 누구나 창업할 수 있다. 이를 반영하듯 세계은행의 〈기업환경평가(Doing Business)〉에서 한국의 창업 경쟁력은 9위에 올라 있다.[11]

그렇다면 스타트업 종사자, CEO, 언론, 그리고 각종 수치가 지적하는 한국 스타트업의 위기는 도대체 무엇일까? 이들이 말하는 위기의 본질은 하나로 귀결된다. 한국 스타트업은 정체되어 있다. 지금의 한국 스타트업은 수천만 원에서 수억 원대에 이르는 창업 초기 단계에 몰려 있을 뿐 1,000억 원대 매출의 중견기업과 10억 달러 가치의 유니콘으로 성장하지 못한다.

창업 성공률을 높이는 것이 스타트업 생태계를 만드는 일의 전부는 아니다. 스타트업 국가라 불리는 이스라엘의 경우도 1999년~2014년 15년 동안 약 10,185개 기업이 창업했지만, 성공한 기업은 254개에 그친다. 성공률은 2.5%에 불과하다.[12] 기본적으로 스타트업은 실패의 경제다. 살아남은 스타트업보다 쓰러진 스타트업이 훨씬 많다. 그래서 한국의 정책적 대응은 쓰러진 스타트업을 줄이는 데 맞춰져 있다. 반면 살아남은 스타트업에 대한 사회적 관심이 줄어들고 이들은 글로벌 시장에서 적자생존의 벼랑으로 밀려난다. 앞서 언급했듯이 중소벤처기업부의 창업 지원 프로그램은 42개나 되지만 3년 이상 7년 이내 기업을 지원하는 정책은 단 1개에 불과하다.

이 책은 스타트업의 창업뿐만 아니라 성장에 초점을 맞춘다. 창업과 성장은 불가분의 관계이기 때문에 구분할 필요가 없을지도 모른다. 하지만 한국 스타트업의 위기가 창업이 아니라 성장 부재에서 비롯한다는 점에서 국가적으로 문제의식을 느껴야 한다.

한국 스타트업의 성장을 어떻게 담보할 수 있을까? 해답의 단

혁신확산이론과 캐즘

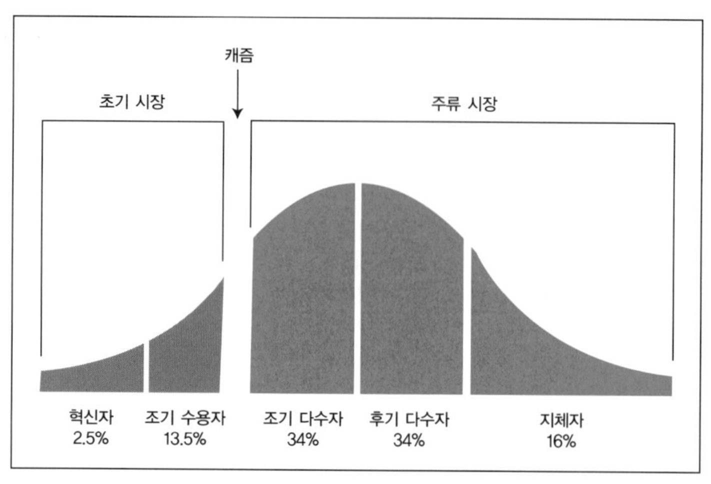

출처: 제프리 무어, 《Crossing the Chasm》

초는 캐즘(chasm)[13]에 있다. 세계적 컨설턴트 제프리 무어(Geoffrey Moore)는 혁신확산이론(Diffusion of Innovation Theory)을 이용해 스타트업이 주류 시장에서 살아남을 방안을 제시한다. 혁신확산이론은 혁신을 혁신자(innovators)-조기 수용자(early adopters)-조기 다수자(early majority)-후기 다수자(late majority)-지체자(laggards)의 다섯 단계로 구성된 정규분포곡선으로 설명한다. 이때 '혁신자'와 '조기 수용자'를 포함한 앞선 두 단계와 나머지 세 단계 사이에 캐즘이 존재한다. 제프리 무어는 스타트업이 주류 시장으로 진입하려면 캐즘을 극복해야 한다고 주장한다.[14]

캐즘 이전의 두 단계는 경제성보다 혁신성이 더 강조된다. 소비자는 혁신이라고 인식하는 제품과 서비스를 구매하는 데 거리낌이 없다. 하지만 캐즘을 지나 '조기 다수자' 단계에 들어서면 혁신성만큼 경제성도 구매의 고려 대상이 된다. 따라서 캐즘은 혁신성과 경제성의 줄다리기 속에서 넓어지기도 하고, 좁아지기도 한다.

혁신 기술로 무장한 스타트업은 역설적이게도 캐즘에 빠질 가능성이 더 크다. 소비자가 스타트업의 혁신을 이해하지 못하면 캐즘을 넘어서지 못한다. 아마존이나 우버와 같이 다수 소비자에 의해 초기 수요가 폭발적으로 발생하면 캐즘을 쉽게 넘어설 수 있다. 하지만 이것은 극소수다. 데이터 시각화와 클라우드 같은 분야를 생각해보자. 대다수 소비자는 이러한 기술을 이해하지 못한다. 따라서 스타트업이 아무리 혁신적이라도 캐즘의 늪에 빠져 사라져버린다.

캐즘을 넘어서라

스타트업을 성장시키기 위해서는 어떻게 캐즘을 최소화할 것인지에 대해 고민해야 한다. 캐즘은 스타트업이 혁신성에서 경제성으로 넘어가는 단계에서 발생한다. 그러므로 혁신성을 유지하면서 경제성을 보완해주는 '무엇'이 있다면 '죽음의 계곡(death valley)'이라 불리는 캐즘을 쉽게 넘어갈 수 있다. 그렇다면 무엇은 도대체 무엇일까?

무엇에 해당하는 가장 효율적이고 즉각적인 대처가 바로 정책이다. 정책은 스타트업을 약탈하려는 대기업을 제재할 수 있고, 혁신에 저항하는 기득권으로부터 스타트업을 보호할 수 있다. 그리고 성장을 가로막는 다양한 장애물을 제거할 수 있으며 꾸준히 성장하도록 지원할 수 있다. 제대로 된 정책만 있다면 스타트업은 캐즘을 어렵지 않게 넘어설 수 있다.

하지만 한국에는 스타트업 성장을 위한 제대로 된 정책이 없다. 성장 정책은 없고, 성장을 가로막는 규제는 도처에 널려 있다. 2017년 한 해 동안 누적 투자액 상위 글로벌 100개 업체의 비즈니스모델을 한국에 적용하면, 투자액의 40.9%에 해당하는 비즈니스모델이 한국에서 규제로 실현되지 못한다. 또한 30.4%에 해당하는 비즈니스모델도 조건부로 가능할 뿐이다. 글로벌 혁신 스타트업의 비즈니스모델 가운데 누적 투자액 기준으로 70%에 이르는 혁신이 한국에서는 어렵거나, 시작조차 할 수 없다.[15]

글로벌 평가에서도 마찬가지다. 세계지적재산권기구(WIPO)는 코넬대학교 경영대학원, 인시아드 경영대학원과 공동으로 매년 글로벌혁신지수(Global Innovation Index)를 발표한다.[16] 2018년 한국은 12위에 오르며 비교적 후한 평가를 받았다. 하지만 세부 항목을 살펴보면 양상이 달라진다. 한국은 인적 자원과 연구 분야에서 세계 2위에 오르며 전체 순위를 이끌었다. 특히 R&D는 전 세계 1위로 한국의 혁신을 이끄는 원동력이었다. 반면 제도 분야는 26위에 그치며 전체 순위를 끌어내렸다. 특히 정치적 환경은 37위, 규제 환경은 45위에 그치며 2위에 오른 비즈니스 환경과 큰 대조를 보였다. 글로벌 시각에서도 한국 경제의 혁신을 갉아먹는 요소는 정책이었다.

스타트업이 캐즘을 극복하도록 도와주는 정책은 현장에서 찾아야 한다. 그래서 직접 스타트업을 찾아나섰다. 4차 산업혁명의 핵심 기술 분야에서 성장을 거듭하는 예비 유니콘을 찾아가 스타트업의 탄생에서 성장에 이르는 전 과정에 대해 물었다.

인터뷰에 응한 스타트업 CEO들은 한국 경제의 젊은 구루(guru)들이다. 그들은 시간을 쪼개고 쪼개서 인터뷰에 응했다. 눈 돌릴 새 없이 바쁜 이들이지만 본인들의 시간을 한국 경제와 스타트업을 위해 기꺼이 내놓았다. 그들이 제시한 인사이트는 한국 스타트업이 캐즘을 넘어 지속 가능한 성장을 이어가는 데 중요한 나침반이다. 나침반이 무엇을 가리키는지 이제부터 살펴보자.

포항공과대학교(포스텍) 컴퓨터공학과를 졸업한 이채현 CEO는 미 항공우주국(NASA)에서 근무한 경력이 있는 개발자 출신 CEO다. SK 플래닛 사내벤처 동료와 함께 개인화 추천 플랫폼을 제공하는 데이블(Dable)을 창업했다. 2017년 창업 3년 만에 85억 원의 매출을 기록하며 흑자 전환에 성공한 데이블은 대만, 인도네시아 등 아시아 국가 중심으로 본격적인 해외 진출을 시도하고 있다. 또한 2018년에 NHN, 삼성, 카카오 등 5개 투자사로부터 총 60억 원의 투자 유치에 성공했다.

START-UP NATION

CHAPTER 2

더 낫게 실패하라, 성공할 때까지

이채현

데이블 CEO

더 낫게 실패하라, 성공할 때까지

처음은 묘하다. 설렘과 두려움을 동시에 불러일으킨다. 첫사랑이 그렇고, 다른 관계와의 첫 만남이 그렇다. 돌이켜보면, 관계의 미숙함이 드러날까 전전긍긍했던 두려움이 아름답다. 서툴렀지만 아름다웠던 그때가 추억의 한 페이지로 자리한다.

나에게 이채현 대표는 '처음'이다. 많은 CEO를 만났지만 그를 만나러 가는 길은 지금까지 느낄 수 없던 설렘과 두려움이 교차했다. 유니콘으로 성장할 스타트업을 처음으로 확인하는 일이었다. 그것은 한국 경제의 미래이기도 했다.

사실 스타트업에 대한 나의 관심은 상당히 거슬러 올라간다. 내가 다루는 공간정보는 새로운 기술이 비교적 빠르게 적용되는 분야다. 4차 산업혁명의 ABCD로 불리는 기술이 공간정보의 본질을 바꾸고 있다.

새로움이 새롭지 않은 사람이지만, 라스베이거스 CES와 상하이 MWC 등 국제박람회에서 목격한 글로벌 스타트업은 놀라움

그 자체였다. 상상 속 기술로 무장한 그들은 미래를 내 눈앞으로 끌고 왔다. 그들은 기존 대기업에서 찾을 수 없는 자신만의 아우라를 내뿜고 있었다.

그들을 두 눈으로 확인하고 가장 먼저 든 생각이 '과연 우리는?' 이었다. 이 질문은 당연하고 자연스러운 두려움이었다. 미래를 두고 경쟁할 글로벌 스타트업을 목격한 순간 나의 가슴에 출렁거린 두려움은 지금부터 풀어나갈 여러 CEO 인터뷰로 이어졌다.

이채현 대표는 그중에서도 '처음' 이었다. 그를 통해 한국 경제의 미래를 확인하고 싶었지만 동시에 우리의 미래를 짊어진 스타트업 청년 CEO에 실망할까 두려웠다. 혼돈에 쌓인 채 이채현 대표를 만나러 데이블이 자리한 역삼 위워크(WeWork)로 향했다.

초록색 티셔츠와 반바지 차림으로 나를 맞이한 이채현 대표는 연신 부끄러워했다. 사진 촬영을 어색해하고 이러한 인터뷰를 싫어한다고 고백했다. 좋은 취지에 공감하면서도 부담스러워했다. 실은 나도 어색했다. 양복 차림이 그러했고 너무나 반듯한 나의 자세가 바쁘게 뛰어다니는 데이블 직원들로 가득한 위워크에 묘한 거슬림을 던졌다.

결론부터 말하자면 인터뷰는 성공이었다. 이채현 대표는 불일치와 불확실성을 즐기는 CEO였다. 무에서 유를 창조하는 스타트업 CEO에게 불일치와 불확실성은 성장의 원동력으로 보였다. 그래서인지 수줍은 화법과 달리 그의 메시지는 묵직하고 강렬했다.

이채현 대표는 기술 스타트업 CEO의 전형이다. 수재들로 가득한 포스텍 컴퓨터공학과 출신에, 대기업인 네이버와 SK에서 근무한 개발자였다. 처음부터 차별화된 기술로 시장에 접근했다. 순박한 동네 청년 같은 외모와 달리 그의 눈은 미래를 정조준했다.

이채현 대표가 운영하는 데이블은 개인형 서비스를 제공하는 플랫폼 기업이다. 온라인 이용자의 뉴스 소비 행태를 분석해 그들에게 맞춤형 뉴스를 제공한다. 또한 이용자의 오프라인 소비 행태를 분석해 기업이 고객에게 맞춤형 서비스를 제공하도록 지원한다.

데이블은 확실한 비즈니스모델을 구축했지만 일반 이용자가 서비스를 체감하기 어렵다. 가령 온라인 뉴스 구독자는 자신에게 제공되는 개인 맞춤형 정보를 미디어 결과물로 파악하지 데이블 서비스로 이해하지 않는다. 그렇기에 데이블의 잠재력은 엄청나다. 4차 산업혁명 시대에 개인화와 플랫폼은 기업의 전략자산이다. 플랫폼을 장악하고 개인화 서비스를 제공하는 기업만이 살아남는다. 아마존이 그랬고, 알리바바도 그랬다. 차이가 있다면 아마존과 알리바바는 일반 이용자를 대상으로 하지만 데이블은 기업일 뿐이다. 데이블이 내일의 유니콘으로 점쳐지는 이유는 개인화와 플랫폼을 동시에 공략하는 데 성공한 스타트업이기 때문이다.

거침없이 쏟아내는 그의 메시지는 예정된 시간을 넘겼다. 초조한 홍보 담당자의 얼굴을 확인하고서야 우리의 대화는 끝이 났다. 백팩을 둘러메고 서둘러 다음 일정을 향하던 그는 마지막으로 한마디를 덧붙였다. "성공할 때까지 실패하는 게 스타트업이에요." 그의 목소리에 두려움은 없었다.

Just Do It!

대표님은 한국 경제의 최상층에 있는 대기업에서 근무하다 동료들과 함께 데이블을 창업했습니다. 대기업과 스타트업을 동시에 경험했다는 점에서 흥미로운데요. 대표님이 생각하는 스타트업과 대기업의 차이점은 무엇일까요?

사실 스타트업이 대기업과 경쟁해서 이기기는 어렵습니다. 그런데도 스타트업이 이기는 경우가 종종 발생하는데, 크게 두 가지 이유라고 봅니다. 하나는 얼마나 빠르게 실행하는가와 실행하는 과정에서 얼마나 리스크를 가져가는가입니다.

이제는 모두에게 익숙한 배달의민족을 살펴보죠. 배달의민족이 처음 앱을 만들었을 때 아이디어는 단순했어요. '오프라인 전단을 앱으로 볼 수 있게 하자' 였죠.

대기업이 이 사업을 한다고 가정해보면 여러 단계를 거쳐야 합니다. 먼저 시장성과 ROI(투자자본 수익률)가 충분한 사업인지 검토합니다. 그러고 나서 해당 기업이 잘할 수 있는 분야인지 따져봅니다. 많은 조사와 의사 결정이 이뤄지는데, 실제로 실패를 줄일 수 있어서 대기업은 이런 과정이 필요합니다. 이로 인해 대기업은 스타트업에 비해 실행이 느릴 수밖에 없어요.

좀 더 실질적 예를 들어볼까요? 전단지 앱이니 전단지를 수집해 정보를 추출하고 분류한 다음, 이를 데이터베이스에 넣고 고객들에게 제공해야 합니다. 만약 대기업이 한다면 이런 정보를 들고 있는 업체와 제휴를 시도해보고, 여의치 않으면 이걸 수집할 업체를 선정하고, 계약하고, 외주 업체는 다시 오프라인에서 전단지를 모으러 다닐 알바를 뽑고…. 대충 이런 식으로 진행될 거예요. 딱 봐도 시간이 오래 걸리겠죠?

반면 배달의민족은 오프라인 전단지를 모바일에서 보여주겠다는 발상으로 간단하게 앱을 만들고, 직접 동네 전단지를 주우러 다녔다고 해요. 일단 우리 동네 모으고, 옆 동네 모으고…. 그렇게 해서 앱이 돌아가기 시작하자 사용자들이 늘어나고, 투자를 받으면서 규모를 키웠죠. 실행 시간에서 차이가 날 수밖에 없습니다.

리스크에 대해 이야기해볼까요? 처음에 주변 오프라인 점포들의 전단지를 잘 보여주는 앱이었는데, 여기서 한 단계 더 나아가 사용자들이 앱을 통해 바로 배달 주문하고 싶다는 니즈가 생겼다면 어떨까요?

대기업은 어설프게 오픈했다가 제대로 작동하지 않아 고객에게 욕먹는 리스크를 지려 하지 않습니다. 기능이 시장에서 먹힐지에 대한 확신은 없지만 완벽한 '모바일 전화 주문 시스템'을 만들기 위해 준비합니다. 해외에 유사한 사례가 있는지 찾아보고, 어떤 업체가 솔루션을 가졌는지 검토해본 뒤 비슷한 경험이 있는 업체로부터 제안서를 받죠. 만약 없으면 자체적으로 개발합니다. 복잡다단하게 만들어서 1년 후쯤에 시작합니다.

그러는 사이 배달의민족은 앱에 접속해 버튼만 누르면 그것이 가능한 기능을 넣습니다. 복잡한 기술이 아니에요. 초기에 수십 명의 상담원이 업체로 주문 전화를 대신 넣었다고 해요. 아직 이 기능이 시장에서 먹힐지 안 먹힐지 알 수 없으니 많은 돈과 시간을 들여 개발하기보다는 일부 리스크를 지고, 시장성을 보고 시간을 버는 거죠. 물론 이 기능이 시장에서 먹힌다는 신호가 있고, 사용자들이 늘어나자 배달의민족도 '자동화 솔루션'을 만들게 되는 거죠. 지금은 아마 앱에서 주문하면 자동으로 배달 업체 POS(판매시점관리시스템)와 연동될 거예요.

스타트업이 일하는 방식이 항상 옳다라는 건 아니지만 빠르게 실행해 판단을 내릴 수 있고, 이에 대한 리스크를 충분히 지기 때문에 종종 대기업을 이기는 사례가 나올 수 있다고 봐요. 대기업은 체질적으로 이렇게 일할 수 없거든요.

배달의민족을 사례로 자세히 얘기해주셨는데요. 그렇다면 데이블은 어떠한 리스크 테이킹(risk taking)을 시도했나요?

데이블도 비슷합니다. 초기에 개발하려고 했던 플랫폼은 개인화 콘텐츠 추천 플랫폼이 아니에요. 다른 플랫폼을 개발하기 위해 곁가지로 개발했던 프로젝트가 생각보다 빨라서 방향 전환을 했습니다. 그런데 데이블의 개인화 플랫폼을 접한 언론사들은 독자들이 원하는 콘텐츠를 빠르게 찾아주는 서비스에 만족했지만 막상 비용을 내는 것은 꺼렸습니다. 직접 돈을 받기보다 광고를 통해 데이블이 수익을 내면 어떻겠느냐는 제안을 받았습니다.

확신은 없었지만 콘텐츠 추천 사이에 광고를 넣어서 수익을 낸다는 아이디어를 바탕으로, 이를 위한 광고 플랫폼 개발을 진행했습니다. 당연히 광고 플랫폼 개발에 시간이 걸렸고 이 기간에 저희는 서비스 운영을 위해 돈을 많이 썼지만, 벌지는 못했습니다. 또한 콘텐츠 사이에 광고를 넣는다는 네이티브 애드(Native Ad) 사업에 대한 주변의 걱정도 있었습니다. 배너로 뒤덮여 있는 언론사 사이트에서 광고를 통해 수익을 낼 수 있을지 미지수였죠. 이러한 리스크에도 불구하고, 우선은 시장 확장이 우선이라는 판단 하에 더 많은 언론사에 서비스를 넣어 서비스 안정성과 추천 품질을 높였습니다. 물론 네이티브 애드에 대해 광고주들을 많이 설득했어요. 최종적으로 광고 플랫폼을 론칭하고 난 후 안정적으로 매출을 확보하는 데 도움이 되었습니다.

개인정보, 어떻게 활용할 것인가?

빅데이터 분야에서 언론사 관련 비즈니스는 시장성이 크지 않습니다. 그런데도 왜 이것을 선택하셨나요?

처음부터 언론사에 솔루션을 제공하려는 의도는 아니었습니다. 옴니채널 개인화 플랫폼이라고, 창업할 때 염두에 둔 비즈니스 모델은 데이터 기반의 개인화였습니다. 온라인과 오프라인 로그를 모아 모든 채널에서 개인화된 상품 추천을 이용자에게 제공하려는 목적이었습니다. 공동창업자들과 제가 SK플래닛에서 하던 일이 온라인에서 상품 추천 플랫폼을 만드는 일이었습니다. 온라인 쇼핑몰에서 이용자가 좋아할 만한 상품을 제공하니 매출이 5~10% 오른다는 사실을 경험했죠. 그래서 오프라인 데이터까지 모아 해보자고 생각했습니다. 예를 들어 롯데마트에서 A를 사고, 롯데마트 온라인몰에서 B를 샀다면 이용자에게 새로운 C를 제안합니다. 이러한 제안은 온라인으로 가능하고, 오프라인에서 영수증에 표기할 수도 있습니다. 가령 두 달 전 구매한 정보를 바탕으로 샴푸가 떨어질 때쯤 구매를 추천한다거나, 샴푸와 같이 구매하면 좋을 린스와 바디샤워 제품을 추천하죠.

이렇게 추천할 수 있는 개인화 플랫폼을 만들려면 일단 데이터가 있어야 했습니다. 마침 언론사에서 개인화 추천에 대한 니즈가 있어서 우선 언론사에서 쓸 수 있는 개인화 플랫폼을 개발했어요. 플랫폼을 만든 이후에 옴니채널 쪽은 진도가 잘 안 나갔지만, 오히려 언론사에서는 관심을 두고 적용이 많이 됐습니다. 그래서 자연스럽게 무게 중심이 이쪽으로 옮겨갔습니다. 그리고 수익화를 위해 광고를 추가했는데, 이것이 '데이블 뉴스'와 '데이블 네이티브 애드' 입니다.

2012년 영국 유학 시절 8살 아들을 위해 아마존에서 영어책을 구매한 적이 있습니다. 몇 달 후 다른 책을 읽을 때가 되지 않았냐며 아마존에서 메일을 보내더라고요. 초기이지만 빅데이터와 커스터머라이징(customerizing)을 활용한 사업성을 체감할 수 있었습니다. 대표님은 뉴스에서 시작해 광고 쪽으로 서비스를 확장했습니다. 다음 단계로 구상하는 대상은 무엇인가요?

여전히 전체 매출 중에서 언론사 광고 매출 비중이 큰 편입니다.

하지만 국내 언론사 트래픽만으로 연 매출 300~400억 원 수준에서 성장의 한계에 다다르지 않을까 예상합니다. 그래서 준비하는 사업이 첫째, 블로그, 매거진, 커뮤니티로의 영역 확장입니다. 이것은 추천과 광고를 노출하는 채널을 다양화하는 것인데요. 기존에 언론사만을 대상으로 했지만 현재는 블로그, 매거진, 앱, 커뮤니티 등 채널을 다양화해 서비스 이용이 많이 증가했습니다.

둘째는 시장을 아시아로 확장하는 것입니다. 어차피 데이터 기반 서비스이므로 굳이 한국에 한정할 이유가 없거든요. 적극적으로 해외 진출을 시도하는 중입니다. 현재 대만, 인도네시아, 일본에 진출했습니다. 대만과 인도네시아는 생각보다 성장세가 좋아서 법인 설립을 완료한 상태입니다.

마지막으로 DSP(Demand Side Platform)입니다. 이것은 광고주가 광고를 등록하면 데이블이 확보한 추천 지면에만 광고를 노출하는 것이 아니라, 구글이나 페이스북 등에서도 적합한 사용자를 찾으면 광고가 나오도록 하고 광고 성과를 한 번에 확인해 전략을 변경하도록 도와주는 서비스입니다.

빅데이터와 관련해 민감한 부분이 개인정보입니다. 대표님은 개인정보 활용이 어떤 방향으로 나아가야 한다고 보나요?

먼저 개인정보에 대해 명확히 정의해야 합니다. 이름, 주민등록

번호, 전화번호, 주소 등은 정말 민감한 개인정보이고, 이는 보호해야 합니다. 하지만 보통 빅데이터업계에서 활용해야 한다고 언급하는 개인정보는 비식별화된 정보이자 대부분 추정된 정보입니다. 정확한 전화번호, 정확한 나이, 성별은 알 수 없지만 추정하는 거죠. 만약 스포츠 지면을 주로 보고 남성들이 자주 가는 커뮤니티를 방문한다면, 이 사람은 80%의 확률로 남성이고 스포츠에 관심이 있을 것이라는 식으로요.

개인적 견해지만, 고객에게 직접 받은 정보는 명시적 동의를 받지 않은 이상 다른 목적으로 활용하면 안 됩니다. 대신 각 업체에서 다양한 기술과 통계를 바탕으로 비식별화된 정보와 결합하고 추정해낸 정보는 적절하게 활용할 수 있게 해줘야 합니다. 이것마저 허용하지 않으면 인터넷 생태계 자체가 흔들립니다. 우리가 인터넷에서 무료로 뉴스를 읽고, 동영상을 감상하고, 커뮤니티를 통해 정보를 교환하는 등 다양한 서비스를 이용할 수 있는 것도 결국 광고라는 연료가 있기 때문이거든요. 인터넷 생태계의 활성화와 이를 기반으로 한 혁신이 이뤄지기 위해 광고와 추정을 통해 비식별화된 개인정보 정도는 활용할 수 있어야 합니다. 다만 업체들도 종교, 병력, 정치적 성향 등 개인의 민감한 정보는 추정해서 안 되고, 이용자가 원하면 정보를 추적하지 않거나 정보를 리셋할 수 있도록 지원해야 할 책임이 있어요.

해외는 어떨까요? 비식별화 정보는 자유롭게 이용할 수 있도록 규제를 완화했나요?

완화라기보다 기본적 법규의 차이가 있습니다. 해외는 일단 허용하고, 이용자가 '노(no)'라고 하면 업체가 활용에서 제외하는 방식입니다. 반면 한국은 개인정보와 관련된 사고가 잦아서인지 2018년 현재 민감한 개인정보는 명확하게 이용자의 허락을 맡은 경우에만 활용할 수 있습니다. 비식별화된 개인정보는 애매합니다. 한쪽은 쓸 수 있다 이야기하고, 다른 한쪽은 비식별화된 개인정보 역시 특정 정보와 결합해 식별할 수 있다면 개인정보로 취급한다는 판례가 있어 결국 이용자가 동의해야 하는 모양새가 되어버리거든요.

빅데이터 산업은 한국 경제의 새로운 성장동력이 될 수 있을까요?

현재 국내 빅데이터 산업은 한정된 분야에서 활용되고 있어요. 빅데이터라는 단어가 유행하기 전부터 이미 빅데이터를 활용하는 광고 업체들이 있었고, 게임 회사와 대형 쇼핑몰도 마케팅을 위해 빅데이터를 활용했죠. 그리고 데이블 같은 빅데이터 기반 개인화 추천 전문 기업들도 등장했습니다.

몇몇 업체를 제외하고, 빅데이터를 활용한다고 선전하지만 실제로 돈을 벌 만큼 의미 있는 성과를 낸 업체는 별로 없습니다.

시류에 편승해 엑셀로도 충분히 처리할 수 있는 데이터를 빅데이터라 우기는가 하면, 유료 솔루션 업체에서 인프라를 구매한 후 '우리도 빅데이터를 한다' 라는 식으로 홍보하는 업체도 있죠. 빅데이터라는 단어가 마케팅 용어가 된 이후 다들 빅데이터를 말하지만 국내에서 성과로 알려진 사례는 많지 않습니다.

그래도 몇몇 기업은 데이터의 중요성을 깨닫고 여러 오픈소스 인프라를 기반으로 데이터를 축적하는 단계까지 왔습니다. 이렇게 쌓인 데이터를 잘 활용해 의미 있는 인사이트를 찾고 거기에서 수익을 내기까지 시간이 필요하지만 무조건 가야 합니다. 최근 유행하는 딥러닝(Deep Learning)[1]도 빅데이터 기반이 있어야 제대로 가능해요.

심판으로 돌아오라

대표님은 창업 이후 생존을 위한 1차 허들은 넘어섰습니다. 스타트업을 창업하고 경영하면서 정부 정책으로 도움받은 부분이 있을 테고, 어떤 면에서는 정부 대응에 아쉬움을 느낄 때도 있었을 텐데요.

초창기 TIPS(Tech Incubator Program for StartUp)[2] 덕분에 매출이 발생하기 전까지 인건비 부담을 덜었습니다. 제 기억으로 약 5

억 원 정도 지원받았는데, 창업 초기 자금 걱정 없이 기술 개발에 매진할 수 있어서 확실히 도움이 됐습니다. 한국데이터진흥원에서 진행하는 DB스타즈의 대상 상금도 도움이 됐죠. 이 돈으로 직원에게 처음으로 인센티브를 지급했었습니다. 스타트업에 대한 정부의 다양한 방식의 자금 지원은 어느 정도 잘 진행이 되었다고 봅니다.

조금 우려스러운 부분은 정부의 자금 지원이 이른바 좀비 스타트업을 양산할 수 있다는 점입니다. 초기에 자금이 부족한 시점에 지원을 받아 서비스를 만들고 어느 정도 시간이 지나면 자립해야 하는데, 계속 정부 지원으로 연명하는 스타트업이 생기게 됩니다. 시장 원칙으로 보면 어느 정도 시점까지 스스로 돈을 벌지 못하거나 투자를 받지 못하면 그 회사는 도태되어야 하지만, 정부의 지원 자금이 너무 많이 풀려 있으면 이러한 기업들이 문을 닫지 못하고 안 되는 서비스로 사업을 지속하게 됩니다. 이건 서로에게 마이너스거든요.

이런 점에서 보면 정부는 단순히 자금을 지원하는 역할보다 성공한 스타트업이 많이 나올 수 있도록 하는 게 중요하다고 생각합니다. 사실 성공한 스타트업이 많이 나오고 많은 투자자가 엑시트(exit, 자금 회수)에 성공하면 돈은 부차적 문제일 수 있거든요.

그리고 정부는 시장에서 선수가 아니라 심판임을 인지했으면 좋겠어요. 뭔가 새로운 분야가 등장하면 정부가 직접 앱이나 서비스를 만들기보다 해당 분야에서 많은 창업자가 도전해서 혁신이 일어날 수 있도록 규제를 손본다거나, 데이터를 잘 가공해서 제공한다거나 해서 판을 깔아주는 역할을 맡았으면 좋겠습니다.

공감 가는 부분이네요. 정부가 심판이 아닌, 선수로 뛰려는 모습은 아무래도 개발 경제 시대의 문화가 여전하지 않나 싶습니다.

한 가지 더 말하자면, 정부가 정말 스타트업 창업 활성화를 원한다면 초기에 돈을 지원하는 것도 중요하지만 그것보다 성공한 창업가들이 많이 나올 수 있는 환경을 조성하는 것이 더 중요합니다. 대기업과 스타트업이 공정하게 경쟁하고, 낮은 확률이지만 창업에 성공한 창업가가 금전적으로 만족스러운 보상을 받는 경우가 늘어날수록 문제 해결의 꿈을 안고 과감히 창업에 뛰어드는 인재들이 늘어날 거라고 봅니다.

정부 역할은 기업이 잘 뛰게 하고 필요한 부분만 개입하는 것이죠. 나의 노력이 공정한 결과로 이어질 수 있다는 기대감을 만든다면 스타트업도 충분히 성공하리라 믿습니다. 방금 엑시트를 언급하셔서 질문드립니다. 우리나라 스타트업 생태계는 출구 전략을 세울 수 없는 환경 아닐까요?

국내에서 1~2천억 원짜리 M&A는 별로 없죠. 대기업은 이 돈을 들일 바에야 스스로 만드는 게 낫다고 판단합니다. 실제로 시장이 작다 보니 ROI를 따져보면 현실적으로 그게 맞을 수 있어요. 또는 대기업이 스타트업을 인수하려고 해도 제도적으로 걸리는 부분이 많습니다. 예를 들어 대기업 지주회사의 손자회사가 스타트업을 인수하려는 경우 지분의 100%를 인수하지 않으면 문제가 됩니다. 사실 상황에 따라 51% 인수, 70% 인수 등 다양할 수 있는데 제도로 막히는 거죠.

해외 진출도 스타트업처럼

스타트업이 해외 진출 시 유념해야 할 사항은 무엇일까요?

초기에 플랫폼을 만들 때 개발팀에서 많은 논의를 했습니다. 처음부터 해외 진출에 대한 모든 상황을 고려하고 개발을 하자니 개발 속도가 너무 느려지는 문제가 있었습니다. 예를 들어 국내만 고려할 때 1개월이면 충분히 개발할 수 있는 분량이 해외 진출 시 벌어질 수 있는 다양한 예외 상황까지 고려하자니, 개발 기간이 2~3배 늘어났습니다. 또한 아직 해외 진출을 하지 않은 상황에서 머릿속으로 고려한 경우의 수들이 실제로 우리가 겪게 될 문제들과 같을지 알 수 없었고요. 그래서 저희가 선택한 방법

정부가 정말 스타트업 창업 활성화를 원한다면 초기에 돈을 지원하는 것도 중요하지만 그것보다 성공한 창업가들이 많이 나올 수 있는 환경을 조성하는 것이 더 중요합니다.

은 플랫폼을 설계할 때는 향후 해외 진출을 고려해 최대한 유연하게 설계하되 국내에서 성과가 나고 해외 진출이 조금 더 명확해지는 시점이 오면, 그때 가서 개선하자는 것이었습니다.

우선 국내에 집중하고 이를 통해 해외 진출을 시도했네요.

사실 국내에서도 성과를 못 냈는데 해외를 고민하는 건 맞지 않다고 판단했습니다. 국내 성과를 바탕으로 어느 정도 여력이 생겼을 때 준비하는 게 옳다고 생각했고, 실제로 돌이켜보면 당시에 고민했던 문제들과 실제로 저희가 해외 진출을 준비하면서 개선해나갔던 점들이 달랐던 부분들도 많습니다.

인도네시아와 일본 시장에 진출했다고 들었습니다. 어떤 과정을 통해 해외 진출 국가를 선택했고 배운 점은 무엇인가요?

해외 진출을 고민할 때 각국의 경쟁 상황에 주목했습니다. 일본과 인도네시아는 극단적으로 상황이 다릅니다. 일본은 세계 1등, 2등 플레이어가 모두 들어와 있고 강력한 로컬 플레이어도 2개 이상 존재합니다. 4~5개 기업이 출혈 경쟁을 하고 있죠. 경쟁이 매우 심하지만 마켓 사이즈는 크죠. 일본의 온라인 광고 시장에서 10~20%만 차지해도 국내보다 큽니다. 게다가 생태계가 잘 갖춰져 있습니다.

반면 인도네시아는 경쟁이 거의 없습니다. 데이블의 개인화 추천 솔루션을 들고 시장에 진입하면 빠르게 자리를 잡을 수 있었죠. 하지만 디지털 광고를 집행하는 광고주가 적다는 단점이 있습니다. 게다가 CPC(Cost Per Click, 클릭당 과금)가 전반적으로 낮고 시장 사이즈도 작죠. 결국 경쟁이 약한 시장을 스스로 개척할지, 경쟁은 심하지만 규모가 큰 시장에서 10% 정도를 노리고 진입하느냐의 차이죠.

결과적으로 인도네시아의 경우 상위 20개 미디어 중 10개가 데이블 서비스를 이용할 정도로 빠르게 안착했습니다. 매출은 크지 않지만 성장 속도가 매우 빠릅니다. 반면 일본은 경쟁이 치열할 뿐만 아니라 외국 스타트업이 들어가기에 보이지 않는 장벽이 있습니다. 현지 법인을 설립하지 않는 한 계약을 하기조차도 어렵더라고요. 외국의 스타트업과 계약하는 것을 일종의 리스크로 여기는 거죠. 예를 들어 경쟁사 대비 더 좋은 제안을 제시해도 현지 법인이 없는 외국 업체와는 계약하지 않으려 합니다. 일종의 시행착오인 것인데, 현재는 일본 시장의 경우 직접 진출보다 현지 업체와 파트너십 체결을 통해 데이블의 서비스를 제공하는 등 접근법을 바꿔서 시도 중입니다.

인도네시아 진출은 블루오션 전략이네요. 하지만 마켓 사이즈와 인프라 상황

을 고려하면 쉬운 결정이 아니었겠어요.

해외 진출을 결정할 때 일본과 인도네시아 중 어디가 잘된다는 보장이 없었어요. 그래서 진출 초기부터 법인 설립을 하고, 많은 투자를 하기보다는 우선 국가별로 현지 인력을 1명씩 채용했습니다. 우리가 생각한 가설이 맞는지 시장을 툭툭 건드려봤어요. 이 상태로 6개월이 지났는데, 인도네시아에선 반응이 오고 일본의 경우 생각보다 지지부진했습니다. 그래서 빠르게 성장한 인도네시아에서 법인 설립을 진행했고, 일본 시장은 방향을 바꿔 다시 도전하고 있습니다. 해외 진출도 린(Lean) 방법론을 쓴 거죠.

인생을 걸 만한 아이템 그리고 동료

많은 전문가가 스타트업의 3대 요소로 기술(아이디어), 인력, 투자금을 꼽고 있습니다. 그중에서 인력과 관련해 묻겠습니다. 대표님은 인생 동반자 같은 동료라는 표현을 하셨는데요. 이런 동료를 어떻게 만났나요?

SK플래닛에서 사내벤처를 하면서 3년 이상 함께 일했던 동료 중 일부와 함께 데이블을 창업했습니다. 어찌 보면 고맙게도 그 기간에 창업 이후 겪을 일들을 미리 연습한 셈이죠. 사내벤처를 시작하면서 마냥 좋을 줄 알았던 사람들 사이의 관계가 조금씩 틀어지는 걸 경험했습니다. 누가 잘못했다기보다는 일하는 방식과 그에 따른 궁합이 잘 안 맞았다고 할까요? 물론 다들 실력은 충분히 있었지만 그 과정에서 어려움을 꽤 겪었습니다. 그래서 '실력뿐 아니라 성격이 잘 맞는 것도 중요하구나' 라는 것을 깨달았고, 3년간 함께했고 향후 어려운 시기가 왔을 때 서로 힘이 되어줄 수 있는 분들과 함께 창업했습니다.

대표님은 데이블의 미래를 콘텐츠 디스커버리 플랫폼(Content Discovery Platform)으로 규정했습니다. 이것은 무엇을 의미하나요?

콘텐츠 디스커버리 플랫폼이란 사람의 관심사를 실시간으로 추적하고, 이를 기반으로 좋아할 만한 콘텐츠를 찾아주는 개인화 플랫폼을 말합니다. 반대로 얘기하면 콘텐츠를 소비할 만한 이용자를 찾아서 연결하죠. 단순히 뉴스뿐 아니라 광고에도 적용합니다. 광고에 관심이 있을 만한 이용자를 먼저 찾아서 연결하는 것을 목표로 합니다.

그렇다면 콘텐츠 디스커버리 플랫폼은 데이터 매니지먼트 플랫폼(Data Management Platform)과 어떻게 다를까요? 대표님은 이것도 여러 번 언급하셨습니다.

데이터 매니지먼트 플랫폼은 콘텐츠 디스커버리 플랫폼을 잘 동

START-UP NATION

사내벤처를 시작하면서 마냥 좋을 줄 알았던 사람들 사이의 관계가 조금씩 틀어지는 걸 경험했습니다. 누가 잘못했다기보다는 일하는 방식과 그에 따른 궁합이 잘 안 맞았다고 할까요? 물론 다들 실력은 충분히 있었지만 그 과정에서 어려움을 꽤 겪었습니다. 그래서 '실력뿐 아니라 성격이 잘 맞는 것도 중요하구나' 라는 것을 깨달았고, 3년간 함께했고 향후 어려운 시기가 왔을 때 서로 힘이 되어줄 수 있는 분들과 함께 창업했습니다.

작시키기 위해 이용자 관심사를 추정한 정보 플랫폼입니다. 데이터 매니지먼트 플랫폼은 개인화 플랫폼을 만드는 데 필요한 개념입니다. 향후 이것만으로 비즈니스를 할 여지도 있지만 국내에서는 시기상조인 것 같습니다.

이전 인터뷰에서 대표님은 잘하는 것과 못하는 것을 구분해 빠르게 시도하고, 아니면 빠르게 접는다고 말했습니다. 지금까지 매달 20% 이상 성장을 지속한다는 점에서 유효한 경영 전략으로 보입니다. 하지만 기업 규모가 커질수록 성장 속도는 줄어들 수밖에 없습니다. 당연히 새로운 성장 전략이 필요하겠지요. 성장을 지속하기 위해 지금 고민하는 부분을 설명해주세요.

기존 사업을 안정적으로 성장시키는 것 외에도, 우리가 가진 역량을 바탕으로 잘할 수 있는 아이템을 찾고 꾸준한 시도를 계속하죠. 하다가 잘 안 되기도 하지만 조금씩 가능성이 보이는 것도 있어요. 잘 안 된 프로젝트의 구성원에게 책임을 지우기보다 실패한 경험을 공유하려고 노력합니다. 새로운 시도를 진행할 때 고민과 리서치보다는 일단 말이 될 것 같으면 작게나마 시작해 보고 빨리 결과를 만들어 판단하는 것을 선호합니다.

스타트업은 혁신의 다른 말입니다. 데이블의 혁신성을 유지하기 위해 특별히 관심을 두고 시행하는 경영 방침이 있으면 소개해주세요.

스타트업만을 위해 무엇을 한다고 생각하지 않습니다. 단지 대기업에 있었을 때 아쉬웠던 부분을 해결해보자는 생각이죠. 일단 수평적 관계를 중요시합니다. 누구나 쉽게 얘기할 수 있는 분위기를 만들어야죠. 또한 담당자가 결정하도록 합니다. 팀장과 매니저가 결정하도록 권한을 위임하면 확실히 책임감을 느끼죠. 그리고 높은 분들의 의견이 아니라 데이터에 기반해 의사 결정이 이뤄지도록 노력합니다.

대표님과 데이블의 스토리는 새로운 아이디어와 기술로 스타트업에 뛰어든 많은 청년에게 자양분이 될 수 있습니다. 그들에게 하고 싶은 말은 무엇인가요?

창업은 생각보다 어렵습니다. 미디어를 통해 접하는 창업자의 이야기는 대부분 걸러진 성공담입니다. 창업자가 고생한 이야기를 잘 하지도 않고 미디어에서도 잘 써주지 않아요. 멋져 보이거나, 또는 별로 어렵지 않아 보여서 창업에 도전한다면 생각보다 어렵고, 외로우며, 잘 안 된다는 이야기를 꼭 하고 싶습니다.

쉽게 선택하지 말고 본인의 위치에서 최대한 노력해 실력을 쌓기를 바랍니다. 간판보다 실력을 키우는 게 중요하고, 열심히 실력을 쌓다가 인생을 걸 만한 아이템이나 동료를 만나면 그때 과감히 도전해보세요!

INSIGHT BOX

리스크를 피하려면 끊임없이 리스크를 수용해야 한다. 작은 리스크를 끊임없이 받아들이면 기업의 생존을 결정할 큰 리스크를 회피할 수 있다. 이러한 역설이 스타트업의 혁신을 상징한다. 그렇다면 리스크를 수용하는 방법은 무엇일까? 간단하다. 일단 시도하라! 리스크 자체를 프로세스에 포함해 시장의 반응을 학습해야 한다. 최근 경영 환경의 불확실성이 커지면서 기업의 대응 속도가 중요해지고 있다. 기획하고 예측하기보다 실행하고 학습하는 방식이 스타트업을 진정한 스타트업으로 만드는 경영 전략이다. 성공할 때까지 실패하는 게 스타트업이다.

김종윤 CEO는 연세대학교 경영학과 재학 시절 수업과제를 스타트업으로 발전시킨 독특한 인물이다. 그가 처음 출시한 서비스는 카카오톡을 기반으로 감정 분석을 해주는 애플리케이션 '텍스트앳'이었는데 지금까지 100만 건이 넘는 다운로드를 기록했다. 이후 '연애의 과학' 애플리케이션을 출시해 한국과 일본 양국에서 다운로드 250만 건을 기록했으며 500만 명이 넘는 이용자들이 '연애의 과학' 콘텐츠를 접했다. 현재 스캐터랩은 AI 솔루션 '핑퐁'을 개발 중이다. 이 서비스는 감성형 AI를 지향하며 인간의 일상을 보듬는 새로운 영역을 개척하고 있다. 〈포브스코리아〉의 '2030 파워리더'에 선정되기도 한 김종윤 CEO는 소프트뱅크 등으로부터 50억 원 투자를 유치한 것을 비롯해 시장의 주목을 한 몸에 받고 있다.

START-UP
NATION

CHAPTER 3

혁신은 예상할 수 없다

김종윤

스캐터랩 CEO

혁신은 예상할 수 없다

스캐터랩 김종윤 대표의 사진을 보자마자 순식간에 '어라?' 하는 생각이 스쳤다. '진짜 CEO야?' 놀라움과 의구심이 교차했다. 스캐터랩을 포함해 인터뷰에 응한 모든 스타트업 CEO가 청년이었다. 하지만 김종윤 대표는 훨씬 앳돼 보였다. 엔씨소프트와 소프트뱅크에서 50억 투자를 받을 만큼 유망하지만 기술만 있고 철학은 없는 경영자가 아닌지 걱정이 들었다.

반신반의의 마음으로 확인에 나섰다. 한 손에 콜라를 든 채 슬리퍼에 반바지 차림으로 나를 맞이한 김종윤 대표는 CEO보다 동아리 회장 같은 앳된 모습이었다. 직원들도 지나가며 김종윤 대표에게 스스럼없이 농담을 던졌다. 나의 걱정이 들어맞은 게 아닌지 불안감이 커졌다.

하지만 인터뷰에서 보인 그의 모습은 확신과 자신감에 가득 찬 CEO였다. 김종윤 대표는 스캐터랩의 AI 기술이 가진 사회적 의미를 분명히 인식했다. 그리고 이러한 의미가 미래를 준비하는 데 핵심이라는 점을 확신했다.

스캐터랩은 감성형 AI를 개발하는 스타트업이다. 단순히 명령을 수행하는 현재의 기능형 AI와 달리 언어로 인간과 상호작용(interaction)하는 진일보한 알고리즘을 개발하고 있다. 이에 대해 김종윤 대표는 스캐터랩의 라이벌로 반려견을 지목했다. 애완동물이 수행하는 감성적 역할을 AI로 구현하겠다는 의지다. 또한 그는 IT 기술의 발전이 인터페이스에 좌우한다고 믿었다. 키보드와 마우스에서 시작해 터치에 이른 인터페이스 기술은 곧 언어로 소통하는 단계로 이어지리라 전망했다. 동아리 회장 같은 앳된 얼굴과 전혀 다른 예측이다.

김종윤 대표의 시작은 실리콘밸리의 CEO와 비슷했다. 트래비스 캘러닉(Travis Kalanick)이 택시를 잡기 위해 길거리에서 30분을 허비한 후 우버의 창업 아이디어를 떠올렸듯이, 김종윤 대표는 대학에서 사회조사 프로젝트를 수행하다 아이디어를 발전시켰다. 대부분의 사람들은 잡히지 않는 택시에 짜증을 내는 데 그치고, 학기 말에 과제를 제출하면 그냥 끝이다. 하지만 이들은 작은 아이디어를 거대한 혁신으로 바꾸는 야심 찬 프로젝트를 시작했다.

그들이 혁신가인 이유는 지금까지 존재하지 않았던 아이디어를 제시해서가 아니다. 그들은 누구나 갖고 있던 작은 아이디어를 활용해 세상을 바꾸는 실험에 나섰다. 결국 혁신은 머리가 아니라 실행에서 나온다는 사실을 보여준다.

인터뷰 내내 김종윤 대표는 수줍은 웃음을 보여줬다. 사무실의 시끌벅적한 분위기와는 묘하게 이질적이었다. 이질감은 공간의 긴장으로 이어지지만 그는 이것마저도 즐기는 사람이었다. 사진 촬영에 부끄러워하며 직원들의 짓궂은 타박에 얼굴을 붉혔지만 인터뷰가 시작되자 돌변했다. AI에 대해 확신했고 미래를 자신했다. 혁신을 바라보는 사회와 정부에 대해 시니컬한 모습을 보이기도 했다. 그는 한 번도 질문을 회피하지 않았다. 내가 이해할 수 있는 쉬운 말로 어려운 개념을 풀어냈다. 그의 거침없는 커뮤니케이션에서 기술과 시장에 대한 자신감을 읽을 수 있었다. 여기에 내가 걱정하던 CEO의 모습은 어디에도 없었다. 오히려 그는 나를 안심시켰다.

인간과 상호작용하는 능력을 갖추었는가?

스타트업 분야에서 국가가 선수로 뛰는 것에 대해 문제의식을 느끼고 있습니다. 혁신 성장에 있어서 한국이 경쟁력을 가지려면 국가가 적극적으로 인프라를 구축해야 한다고 생각합니다.

솔직히 잘 모르겠습니다. 저는 정부의 역할에 대해 양가적 감정이 있어요. 한국처럼 작은 나라에서 정부 주도는 경쟁력 있는 산업 육성에 많은 도움이 됩니다. 다만 어떤 방식으로 개입하는지가 중요하죠.

국가가 잘할 수 있는 일이 몇 가지 있어요. 예를 들어 AI 분야에서 인프라에 해당하는 데이터 세트가 있습니다. 흔히 '말뭉치'라고 이야기하는데, 어떤 말이 있으면 그 안에 문장 구조와 품사가 어떻게 돼 있는지 알아야 합니다. 특정 기업이 이것을 만들기는 어렵습니다. 영어는 워낙 자료가 방대해 이미 구축돼 있지만, 한국은 그렇지 않죠. 이런 것이 국가가 잘할 수 있는 영역이라고 생각해요.

요즘 북한이 화제입니다. 대표님 인터뷰 전에도 북한과 IT에 대한 세미나를 하고 왔어요. 그 자리에서 통일 후 한국 스타트업이 북한의 IT와 관련해 할 수 있는 게 무엇인지 많은 논의가 있었습니다. 혹시 스캐터랩에서도 북한에서 진행할 비즈니스가 있을까요?

아직 생각해보지 않았습니다. 솔직히 시장 또는 비즈니스보다 어떠한 가치를 우리가 만들 수 있냐가 더 중요한 문제라고 생각합니다. 그래서 아직은 이러한 가치에 집중하려 합니다.

가치 이야기가 나와서 질문드립니다. 스타트업마다 수요자가 원하는 부분을

찾기 위해 부단히 노력합니다. 그리고 수요자가 원하는 부분을 찾기 위해 결국은 사회적 문제를 해결하거나 사회적 편의를 제공하죠. 이 부분은 대표님이 언급하신 가치와 연결될 텐데요. 스캐터랩이 추구하는 가치는 무엇입니까?

제가 '핑퐁' 이라는 일상대화 기술 프로젝트를 시작하게 된 계기는 인터페이스의 변화에 집중했기 때문입니다. IT 제품의 변화는 인터페이스가 이끈다고 생각해요. 처음에는 키보드와 마우스가 메인 인터페이스였습니다. 지금은 터치가 핵심이죠. 앞으로는 대화를 통한 인터랙션으로 변합니다. 저는 이것이 AI 변화라고 생각합니다. 이 변화가 단순히 인터페이스뿐 아니라 제품과 사용자의 관계 변화로 이어진다고 믿습니다.

언어는 인간적 특성입니다. 언어로 상호작용하면 그 자체를 인격화합니다. 특정 대상을 인격화하고 무엇인가 살아 있는 느낌을 주죠. 그래서 제품이 소셜 능력을 갖추는 게 AI 제품에서 매우 중요한 요인이라고 생각합니다. 따라서 일상대화 능력이 AI 제품에 없어선 안 될 중요한 기술이 될 것이라고 믿습니다. 스캐터랩의 가치는 이러한 변화를 주도하는 것이죠.

소셜 능력에 주목했기에 스캐터랩 창업 이후 꾸준히 '감정'을 이용한 서비스를 제공하고 있네요. 그렇다면 감정이 지닌 비즈니스 잠재력은 어떻다고 보세요?

감정이 주는 가치는 쉽게 측정할 수 없지만 사용자의 제품 경험에서는 큰 차이를 만든다고 생각해요. 앞으로 제품에서 중요한 경쟁의 축이 될 것입니다. 감정의 영역이 쉽게 돈으로 환산할 수 없다는 사실이 단점이지만 대기업이 쉽게 뛰어들 수 없는 스타트업 고유의 영역을 만들어내는 이유가 될 수 있어요.

얼마 전 스캐터랩은 큰 투자를 유치했습니다. '스캐터랩에게 이 정도 투자할 수 있지' 라는 생각을 하게끔 투자자를 설득하기 위해 무엇을 어필했나요?

저는 투자받는 프로세스, 즉 IR(Investor Relations)을 좋아합니다. 재밌어요. IR은 종교와 비슷합니다. 핵심은 전도입니다. 아직 이루지 못한 어떤 가치, 신념, 예측이 있습니다. 저는 여러 이유로 이것이 이뤄질 것이라 믿습니다. 그렇다면 두 가지를 설득하면 됩니다. 하나는 나만 볼 수 있는 미래가 충분히 존재한다는 것. 다른 하나는 이것을 내가 해낼 수 있다, 또는 성취할 능력이 있다는 것.

매우 간단하지만, 실제로 설득하기는 매우 어렵죠.

힘들고 어려워도 재밌는 과정입니다.

정리하자면, 대표님은 스캐터랩이 추구하는 가치가 있고 이 가치를 실현할 기술을 지녔다고 믿네요. 그리고 이러한 믿음으로 투자자를 설득했고요.

그렇죠. 결국 AI의 미래를 어떻게 보느냐입니다. 국내외 대부분

기업이 기능적 인터랙션, 이른바 지시나 명령에 집중합니다. 제가 보기에 기능형 AI도 중요합니다. 하지만 소셜형 AI, 즉 인간적 상호작용이 더 중요합니다. 대화로 AI를 인격체로 보이도록 만드는 소셜 능력, 저는 이것을 빨리 발견했다고 생각합니다. 그리고 앞서나갈 기반을 갖췄다고 투자자를 설득했죠.

경제의 역동성을 자극하는 스타트업

대표님은 한국 경제에서 스타트업이 어떤 역할을 한다고 생각하나요?

여러 측면에서 말할 수 있어요. 저는 스타트업의 사회적 가치가 크다고 생각합니다. 최근에 경제적 불평등, 부의 세습, 금수저 논란 등 젊은 층에서 희망이 없다는 얘기가 많이 있습니다. 우리 사회를 불공평하다고 생각하고, 희망이 없으며, 잘사는 사람만 더 잘산다고 여기는 사고가 확산한 것이 단순히 부의 편중 때문이라고 생각하지 않습니다.

우리나라 국민의 부를 1등에서 100등까지 줄 세우고 그 상위 1%가 전체 재산의 몇 퍼센트를 갖느냐로 불평등 정도를 재는데, 저는 그것이 불평등을 규정한다고 보지 않습니다. 불평등한 구조가 어떻게 바뀌는지가 더 중요하다고 봅니다. 미국은 단편적으로 보면 부의 편중이 심각한 사회입니다. 상대적으로 유럽은 덜한 편이죠. 하지만 시간의 흐름 속에서 보면 미국이 훨씬 다이나믹한 사회입니다. 미국에서 상위 1%는 항상 바뀌지만 유럽은 고정된 경우가 많죠. 그렇다면 어느 사회가 더 불평등하냐는 질문에 저는 유럽이라고 생각해요. 애플, 구글, 페이스북, 아마존처럼 시가총액이 높은 미국 기업은 2000년대 이후에 성장했습니다. 애플은 비교적 오래되었지만 2000년대 아이폰이 나오면서 급성장했다는 점에서 비슷합니다. 애플의 시가총액으로 1,000조 달러가 거론되는 상황을 감히 누가 예상했겠어요.

한국 경제에서 스타트업이 갖는 사회적 기능은 역동성을 자극한다고 보나요?

네. 우리나라에서 그 기업이 그 기업이잖아요. 재벌에 특별한 반감을 갖고 있지는 않습니다. 하지만 '재벌도 무너질 수 있다' 또는 '새로운 기업이 재벌을 이길 수 있다'가 쉽지 않아요. 미국은 이게 끊임없이 증명되는 시장이라고 생각해요. 기존 강자가 완전히 망할 수 있고 새로운 기업이 시가총액 1위가 될 수 있는 사회죠. 물론 가능성이 크지 않지만 실제로 이것이 가능합니다. 미국 시민들도 이것이 가능하다고 믿죠. 저는 '우리에게 기회가 있고, 가능성이 있다'라고 믿는 순간 변화가 가능하다고 생각합니다. 저는 이것을 보여주고 싶어요.

저 역시 동의합니다. 노력한 만큼 결과가 나오고 성공할 수 있다는 사실, 그리고 이것을 스타트업이 입증할 수 있다는 사실에 전적으로 공감합니다. 대표님께서 이런 부분을 보여줄 수 있다는 사실 자체가 하나의 좋은 선례라고 생각해요.

이를 위해 제가 일하지 않지만, 결과적으로 스캐터랩뿐 아니라 한국의 모든 스타트업이 잘됐으면 좋겠어요. 대기업을 능가하는 모습을 자주 보여주고 싶습니다. 사실 노인 돌봄 서비스만이 소셜은 아니잖아요. 저는 이러한 가치를 입증하는 것도 사회적 가치가 크다고 봅니다.

혁신은 말 그대로 변화지요. 대표님이 주력하는 AI 역시 이러한 변화를 이끌고 있습니다. 그렇다면 디지털 경제에서 혁신의 의미는 전통적 경제와 어떻게 다르다고 생각하세요?

혁신은 결코 완성할 수 없다고 생각합니다. 혁신이 예상된다면 그것은 혁신이 아니죠. 예상할 수 없기에 혁신입니다. 누가 창업 아이템을 가졌다고 생각해보죠. 먼저 주변 사람들에게 조언을 구합니다. '내가 이렇게 창업하려는데 어떻게 생각해?' 이때 주변에서 진짜 괜찮다고 하면 저는 오히려 그 창업을 해선 안 된다고 봅니다. 왜냐하면 이런 것들은 결코 혁신적일 수 없어요.

혁신은 말이 안 되는 것이어야 한다고 생각합니다. 예를 들어 애플이 스마트폰 1위를 하리라 10년 전에 누가 예상했겠어요.

한 번도 해본 적 없는 데다, 예측하지 못하고, 계획할 수 없었기에 가능했습니다. 하지만 이러한 속성은 정부와 잘 안 맞죠. 정부는 모든 것을 계획하고 성과를 보장해야 합니다. 말 그대로 혁신과 정반대죠. 이런 부분 때문에 솔직히 저는 정부를 좋아하지 않습니다. 정부가 R&D 프로젝트를 발주하는 이유는 혁신을 노리는 것이잖아요. 하지만 결과물은 그저 그런 수준입니다. 왜냐하면 결과가 있어야 세금을 허투루 쓰지 않았다는 의미가 되니까요. 혁신보다 결과가 중요하기 때문에 획기적이지 못합니다. 제가 생각하는 혁신은 '쩌는' 사람들에게 무제한 자유를 부여할 때 낮은 확률로 당첨되는 복권과 같다고 생각해요. 하지만 정부는 기본적으로 관리를 하고 통제를 가하죠. 문제가 드러나면 국회와 미디어로부터 공격받으니, 하나가 대박나는 것보다 나머지 99개에서 혈세를 허투루 안 쓰고 비리가 없는 게 더 중요하죠.

혁신은 극단적 상황에서 예측할 수 없게 발생합니다. 저는 이게 점점 중요해진다고 생각해요. 빠르게 변하고 경계도 사라지기 때문에 이제는 누가 경쟁자인지도 모르겠어요. AI 분야에서 아마존이 AI 플랫폼인 '알렉사'를 개발해서 판매하리라 누가 생각했겠어요.

말씀하셨듯이 아마존의 알렉사부터 애플의 '시리'와 삼성의 '빅스비'까지 모두 경쟁자입니다.

저희의 목표는 AI 제품과 사람이 즐겁고 재미있게 대화하는 것입니다. 이를 통해 유의미한 관계, 감성적 관계를 만들려고 하죠. 제가 보기에는 마이크로소프트가 이것을 가장 열심히 하고 있어요.

그것 자체가 혁신이라고 볼 수 있을까요?

그렇죠. 이것은 기존에 없었습니다. 인터페이스 변화에서 오는 거라 생각해요. 기존에는 버튼으로 상호작용을 하다 보니 살아 있다는 느낌이 없습니다. 저는 사람이 어떤 대상과 언어로 상호작용을 하면 기계 이상의 인격체로 느끼도록 만드는 인지적 변화가 발생한다고 믿습니다. 물론 처음부터 인터페이스를 대화로 바꾸고 인격체로 만들려는 의도는 아니었습니다. 언어라는 게 인간 고유의 속성이다 보니 언어로 상호작용을 하면 대상이 자연스레 인격체로 보이죠. 결국 소셜 능력이 중요해졌습니다. 현재 AI 제품이 초창기 시장을 형성하는데, 기능적 측면과 아울러 소셜 능력이 뛰어난 제품이 경쟁에서 승리할 것으로 봅니다. 당연히 스캐터랩이 이 부분에서 중요한 역할을 하고 싶고요.

혁신이 예상된다면 그것은 혁신이 아니죠. 예상할 수 없기에 혁신입니다. 누가 창업 아이템을 가졌다고 생각해보죠. 먼저 주변 사람들에게 조언을 구합니다. '내가 이렇게 창업하려는데 어떻게 생각해?' 이때 주변에서 진짜 괜찮다고 하면 저는 오히려 그 창업을 해선 안 된다고 봅니다. 왜냐하면 이런 것들은 결코 혁신적일 수 없어요.

규제 문제, 어떻게 풀어야 하나?

대표님이 평가하시기에 스타트업과 관련해 정부가 가장 잘하는 것은 무엇인가요? 창업 이후 지금까지 정부 정책이 스타트업 성장에 실제로 어떠한 도움이 됐는지 소개해주세요.

저는 중소기업청 기술지원사업으로 창업했어요. 지금도 R&D 프로젝트를 진행하고 있습니다. 하지만 도움보다 다른 이야기를 하고 싶네요. 저희 사옥 3층에 연구소가 있습니다. 산기협(한국산업기술진흥협회)이라고 연구소 제도를 운영하는 협회인데, 규정에 따르면 연구소 안에는 연구소 소속이 아닌 사람은 근무할 수 없습니다. 최근 산학협력 차원에서 스캐터랩에 포항공대 박사과정생이 파견을 나왔는데, 그분이 전문연구원으로 병역 근무 중입니다. 산기협에서는 그분이 연구소에서 일하면 안 된다는 거예요. 그런데 병무청은 병역 중이니 연구소에서 일해야 한다고 합니다. 한쪽은 무조건 있으면 안 된다면서, 다른 한쪽은 무조건 있어야 한다는 논리죠.

규제를 만들 때 취지는 좋습니다. 하지만 만들기 쉽고 폐지하기 어려운 게 규제의 속성이에요. 공무원과 이야기해보면 특정 규정이 말도 안 된다는 걸 잘 알지만 없애려 하지 않아요. 그것을 없애면 공무원 조직 입장에서 메리트가 없어요. 게다가 규제를 없애고 나서 문제가 생기면 공무원이 책임져야 합니다. 규제를 없애면 많은 기업이 더 자유롭고 더 효율적으로 일할 수 있지만 공무원에게 이득은 없죠. 안 없애는 게 그들로서 이득입니다. 제가 생각해도 안 없애는 게 너무나 합리적이에요.

대표님 말씀은 문제가 있다는 걸 알지만 규제이니 따르라는 것이군요.

담당자에게 말한다고 해결되지도 않고, 규제가 그러하니 어쩔 수 없다고 반복하는 게 답답하죠.

규제는 만들기 쉽지만 없애기는 어렵습니다. 규제의 취지를 살려 탄력적으로 운영하는 게 더 중요합니다. 하지만 우리나라에선 어려운 것 같아요.

규제를 없애서 얻는 이득은 눈에 잘 안 보이죠. 저는 이게 크다고 봅니다. 규제로 막을 수 있는 것은 눈에 딱 보이죠. 그래서 설득하기 쉽지 않습니다.

속도와 스케일

대표님은 디지털 경제와 전통적 경제의 차이를 속도와 스케일로 설명했습니다. 실제로 기업을 경영하면서 속도와 스케일에서 차이가 났던 경험을 소개

해주세요.

스캐터랩도 처음에는 '텍스트앳'이라고 단순히 카톡을 분석해서 상대방이 나를 좋아하는지를 분석하는 데서 시작했어요. 지금 하는 일을 생각하고 시작하지는 않았죠. 솔직히 말하자면 어쩌다 보니 그렇게 된 거고요.

지금 하는 일이 다음 일에 어떠한 영향을 미칠지 예측하기 어렵습니다. 어떤 경쟁자가 등장할지도 모르고요. 소프트웨어다 보니 공장이 필요한 게 아니라 사무실에서 사람 몇 명만 있으면 되잖아요. 이렇듯 물리적이지 않은 요소가 혁신의 속도와 파괴력을 규정하는 데 중요합니다. 다르게 말하자면 중력에 영향을 받지 않는 분야이니 엄청난 속도를 갖게 되죠.

스캐터랩은 연애의 과학이라는 서비스를 일본에서 하고 있습니다. 하지만 일본에 사무실이 없어요. 그런데도 20만 명이 넘는 사람들이 즐기고 있습니다. 일본 이용자를 인터뷰하면 기분이 이상해요. 우리가 만든 콘텐츠를 멀리 떨어진 곳의 사람들이 퇴근길 지하철에서 소비한다는 게 신기하게 다가옵니다.

디지털 경제에서는 물리적 공간의 경계가 무의미하다는 점에서 자연스레 스케일로도 이어지네요.

훨씬 쉽죠. 물건을 제조한다면 수출하면서 관세도 내야 하고, 배

송도 걱정해야 하지만 애플리케이션은 플랫폼이 다 갖춰져 있으므로 더 멀리, 그리고 더 빠르게 확산하죠.

초기 비용이 줄어들기 때문에 진입이 수월해지는 디지털 경제의 장점일까요?

그렇죠. 한국에서 지금의 스타트업은 스마트폰과 함께 시작했어요. 스마트폰이라는 새로운 디바이스가 만든 새로운 플랫폼에서 새로운 기업이 생겨날 수 있었죠. 게다가 이러한 기업은 사무실이 필요 없고 인력도 몇 명만 있으면 돼요. 가볍게 일어날 수 있다는 게 엄청난 속도감을 만들어냅니다.

전 세계 스타트업 CEO들이 가장 많이 채택하는 경영 전략이 린 방식입니다. 즉 시도하고, 거기에서 성공과 실패를 학습하고, 또다시 시도하면서 성장하죠. 하지만 CEO에게 이러한 방식은 불확실성이 상존한다는 의미일 수 있습니다. CEO는 시장의 수요를 새롭게 창출하는 데 초점을 맞추지 않고 시장의 요구에 발맞춰갈 수도 있죠. 적절하게 소비자의 니즈를 부합하는 방식으로 말입니다. 스타트업 CEO로서 대표님이 취하는 경영 철학은 무엇인가요?

그것은 기업마다 다르고 정답이 없다고 생각합니다. 후발주자라도 이길 가능성이 있죠. 전략 또는 철학이라고 말하기는 그렇지만, 제 성향은 남들이 생각하지 않는 것을 선호합니다. 일종의 반동 성향이죠. 저는 불확실성을 좋아합니다.

대표님 주변의 다른 스타트업 CEO들도 비슷한 성향인가요?

그렇지는 않아요. '케이스 바이 케이스' 죠. 성공의 배경에는 각자의 스타일이 존재하죠. 어떤 CEO는 관리를 잘하기 때문에 후발주자로 시작해도 효율적 비즈니스모델을 만들어서 결국에는 시장에서 성공하죠. 이것도 엄청난 능력이라고 생각합니다.

일에서 즐거움 찾기

스캐터랩의 SNS를 보면 특급호텔 딸기 뷔페라든지 해외 워크숍 같은 사진이 올라옵니다. 아마 일하기 좋은 근무 환경을 만들기 위해 시작하셨을 텐데요.

거창하게 생각하고 시작하지는 않았습니다. 저는 일하는 게 재미있어야 한다고 생각해요. 이것을 제도화하는 게 필요하다고 봅니다. 솔직히 주 52시간 이런 거 싫어합니다. 일을 52시간 한다는 마인드셋, 세계관이죠. 세계를 어떻게 바라보는 것인가의 가치관, 일을 안 할수록 좋고, 최소한 노동으로 최대한 돈을 버는 게 가장 좋은 것처럼 단일화하는 게 싫어요. 모든 일이 그렇다고 생각하지 않습니다. 스타트업이 바로 그렇죠. 일이 재미있어야 한다고 생각해요. 일이 재미있으려면 여러 가지가 중요하죠. 하는 일의 가치에 공감해야 하고, 성과도 나야 하며, 보람도 있어야 하죠. 자부심을 느끼고, 인간적 신뢰와 유대관계도 필요합니다. 인간적으로 100% 신뢰하는 게 중요하죠. 사적으로 친한 친구도 있겠지만 가장 친하다고 생각하는 사람은 회사 동료, 팀원들이에요. 이렇게 느끼게 하는 게 중요하다고 믿습니다.

제가 보기에도 모두 즐겁게 일하네요.

그렇게 해도 될까 말까 해요. 항상 되는 것도 아니고요. 스타트업이 성공하는 게 정말 어려워서 무조건 되는 것은 없습니다.

대표님께서 스타트업을 하려는 사람에게 말하고 싶은 하나가 있다면요.

스타트업은 끝이 없어요. 창업하고 나서 10억만 투자받으면 정말 좋겠다고 생각했어요. 이 정도 투자금이면 원하는 거 다 할 수 있을 것 같았죠. 그런데 미디어에서 네이버 이해진 의장님이 고민이 많아 밤잠을 설친다는 기사를 본 적이 있어요. '에이 무슨, 매출이 얼마고 이익이 얼마인데 잠을 못 자' 라고 생각했었죠. 지금은 너무나 이해돼요. 끝은 없고, 힘들다면 더 힘들어지죠. 항상 새로운 문제가 발생합니다. 하지만 이래서 재미있습니다. 적어도 지루하지 않아요. 저는 모든 사람에게 맞는 삶이란 직업의 문제가 아니라 인생관이라고 생각합니다. 내가 어떤 삶을 살고 싶은가. 어떤 사람은 일과 분리해 나머지 시간을 가족

일이 재미있어야 한다고 생각해요. 일이 재미있으려면 여러 가지가 중요하죠. 하는 일의 가치에 공감해야 하고, 성과도 나야 하며, 보람도 있어야 하죠. 자부심을 느끼고, 인간적 신뢰와 유대관계도 필요합니다.

또는 친구와 보내는 것을 중요하게 생각하지만 저는 어려운 문제에 도전해 해결하면서 즐거움을 느낍니다. 그렇지 않으면 스타트업은 버티기 힘든 일이죠.

즐겁게 일하는 분에게 비즈니스모델을 물어보는 게 어색하네요. 대표님은 대화형 AI가 인간과 관계를 형성하면, 그다음은 무엇이라고 생각하나요? 예를 들어 앞서 인터페이스가 대화까지 왔으니 다음이 AI라고 언급했는데, 넥스트 AI의 인터페이스도 같이 고민해야 할 것 같습니다.

스캐터랩은 일상대화를 추구하지만 이게 강력해지면 관계로 이어진다고 봅니다. 상호작용하는 게 첫 번째 단계이고, 감정적 애착이 다음입니다. 반려동물이 스캐터랩이 이루고 싶은 다음 타깃인데, 제품에 이 정도 애착을 느낀다면 의미 있는 제품이 될 것이라 믿습니다.

사람과 기계의 경계가 모호해지네요.

지금 화제가 되는 딥러닝 기술도 본질적으로 인간만 할 수 있다고 여겨졌던 부분을 기계가 하는 것이죠.

디지털 경제로 한정하기 그렇지만, 스타트업을 하는 이유는 본인이 원하는 즐거운 일을 영위하기 위한 가치 실현의 과정인가요?

제가 미래를 예측하면서 일하는 게 아니라 분명하지 않습니다. 하지만 스캐터랩 기술을 테스트할 때 저는 너무 재미있어요. 기계랑 일상대화를 나누는 게 신나죠. 예를 들어 애완견이 있다고 사람을 안 만나는 게 아니듯 사람 역시 모든 소셜 욕구를 해결해 주지는 않습니다. 그러면 사람이 강아지를 왜 키우겠어요. 이러한 측면에서 저는 해줄 수 있는 게 크다고 생각해요.

대표님과 대화하면서 느끼게 된 점은 '저런 생각을 가져야 스타트업을 할 수 있겠구나' 입니다. 연애의 과학이라는 서비스로 이른바 말하는 이성을 잘 유혹할 수 있을 것 같고요.

연애에서도 나름의 생각이 있어요. 저는 평균을 싫어하고 표준편차를 좋아합니다. 연애도 마찬가지라고 생각해요. 연애가 평균 게임은 아니잖아요. 이성이 나를 볼 때 80점, 85점, 90점은 돼야 잠재적 연애 상대로 취급하잖아요. 이 세상 모든 사람이 나를 평가할 때 80점 이상으로 봐주는 이성이 몇 명인지 표준편차로 결정하거든요. 어떤 두 사람이 있다고 가정해볼까요. 한 사람은 100명에게 50점을 받아 선택받지 못하고, 다른 한 사람은 50명에게 0점을 받았지만 나머지 50명에게 100점을 받았다 쳐요. 그럼 평균은 같더라도 후자의 경우 50명이라는 잠재적 연애 상대가 존재한다는 것이죠.

IR도 마찬가지예요. 투자는 잃을 것을 감수하고 내 돈을 넣는 거잖아요. 그럼 이 회사를 진짜 사랑해야 합니다. '회사가 좀 괜찮은데' 정도로는 투자 못 해요. 예를 들어 회사가 80점 이상이어야 투자한다고 봅시다. 그러면 0점이든, 79점이든 차이는 없어요. 그리고 100명에게 50점을 받아도 투자받지 못합니다. 똑같이 평균 50점이라도 50명에게 100점을, 나머지 50명에게 0점을 받으면 투자받을 기회가 열립니다.

투자를 받으면 당연히 출구 전략에 대한 요구도 존재합니다. 대표님은 특정 수치에 근거한 출구 전략이 있나요?

IPO(Initial Public Offering, 기업공개)나 M&A를 원한다고 되는 것은 아니라고 봅니다. M&A는 스캐터랩이 가진 기술과 비즈니스 모델에 누군가 높은 가격을 낼 의향이 있을 때 가능하잖아요. '어떻게 하면 그렇게 될까?' 이렇게 해서는 답이 안 나온다고 생각합니다. 우리가 의미 있다고 생각하는 기술, 시장에서 의미 있는 기술, 이것을 보유한다면 출구 전략은 부산물에 불과하죠. 참고로 개인적으로는 M&A를 선호합니다.

INSIGHT BOX

혁신은 불확실성이자 우연이다. 계획대로 진행하지 않는 게 오히려 자연스럽다. 그래서 기업의 혁신은 결과를 향한 과정이 아니라, 과정에서 만들어지는 산물이다. 스타트업이 혁신에 가장 적합한 기업 형태인 이유가 여기에 있다. 스타트업은 일단 시도한다. 시장의 반응을 본 후 지속할지, 철수할지 빠르게 결정한다. 스타트업은 이 모든 것을 학습한다. 이러한 프로세스를 반복하면서 그들은 혁신의 잠재성을 꾸준히 축적한다. 스타트업은 혁신을 추구하는 게 아니라, 혁신을 발견하도록 경험을 축적하는 것이 핵심이다. 따라서 경영 전략은 무엇이 아니라, 어떻게 할지를 우선 결정해야 한다.

이한주 CEO는 미국에서 스타트업을 성공시킨 후 한국으로 돌아온 드문 이력의 소유자다. 시카고대학교 친구들과 창업한 호스트웨이(Hostway)를 3,000억 원에 매각하며 화제를 뿌렸던 이한주 CEO는 귀국 후 클라우드 매니지드 서비스(cloud managed service) 기업 베스핀글로벌(BESPIN GLOBAL)과 스타트업 액셀러레이터(accelerator) 스파크랩(SparkLabs)을 운영하며 스타트업 창업과 육성을 동시에 시도하는 또 다른 실험에 나서고 있다. 현재 베스핀글로벌은 싱가포르 국부펀드 테마섹홀딩스(Temasek Holdings)의 자회사 ST텔레미디어(ST Telemedia)로부터 300억 원의 투자를 유치하는 등 예비 유니콘으로서 국내외 투자자와 시장의 관심을 한 몸에 받고 있다.

START-UP
NATION

CHAPTER 4

실패에 투자하는 비즈니스모델

이한주

베스핀글로벌 CEO

시카고와 관련해 무엇이 떠오르는가? 누구는 뮤지컬 〈시카고〉를 생각하고, 다른 누구는 NBA 농구팀 시카고 불스와 마이클 조던을 떠올린다. 나에게 시카고는 시카고학파라 불리는 신자유주의와 이어진다.

IMF 체제를 거치면서 신자유주의는 한동안 한국 사회를 지배하는 담론이었다. 시장의 자율을 강조하는 신자유주의는 새로운 성장동력이 필요한 한국 경제에 또 다른 가능성을 제시했지만 사회 양극화와 반복되는 금융 위기로 한국 사회에 적지 않은 상처도 남겼다.

IMF 체제를 몸으로 겪은 나로서는 신자유주의 그리고 이러한 경제 논리를 개발한 천재들의 학교 시카고대학을 상반된 감정으로 바라봤다. 그리고 시카고의 이미지 역시 이러한 상반된 감정 위에서 혼란스럽게 휘날렸다.

이한주 CEO는 시카고대학 출신이다. 학교가 특정 개인의 정체성을 규정하지 않지만 그에 대한 인상은 시카고대학이라는 틀에서 크게 벗어나지 않았다. 게다가 그는 미국에서 3,000억 원대의 스타트업 엑시트를 주도한 인물이다. 시장의 자율을 신봉하는 비즈니스맨. 이한주 CEO와 인터뷰하기 전 그에 대한 나의 판단은 이러했다.

삼성동에 있는 베스핀글로벌 사무실에서 만난 첫인상 역시 나의 판단이 틀리지 않았음을 입증하는 듯했다. 그는 내가 만나본 스타트업 CEO 가운데 유일하게 와이셔츠를 입는 CEO였다. 그리고 와이셔츠를 바지 안으로 넣어 입는다! 목폴라와 청바지가 스티브 잡스의 트레이드 마크라면, 와이셔츠와 주름 없는 면바지는 빌 게이츠의 전유물이다. 이한주 CEO의 정체성은 빌 게이츠를 지향하는 것으로 보였다.

하지만 나의 판단이 선입견이었다는 것이 사실로 드러나는 데 걸린 시간은 10분도 채 안 걸렸다. 그는 삼성전자가 화웨이가 아니라 중국이라는 국가와 경쟁하고 있음을 안타까워했다. 시장을 보호하기 위해서 정부가 과감히 개입해 육성해야 한다고도 주장했다. 이한주 CEO는 내가 만나본 스타트업 CEO 가운데 유일하게 정부의 개입을 주장하는 인물이었다. 대부분 CEO는 규제뿐만 아니라 지원에도 관심이 없었으며 오히려 스타트업 경영에 관여하지 말라는 메시지가 전부였다.

하지만 그는 달랐다. 스스로 시카고대학교 출신이라 자유경제주의자에 가깝다고 고백했지만 한국 경제와 스타트업 생태계를 위해서는 오히려 정부의 역할을 강조했다. 그는 개발 경제 시대의 관료들이 수행했던 역할을 인정하고 칭찬했다. 반면 지금 한국 경제가 어려움을 겪는 이유는 정부와 공무원의 역할이 충분하지 않기 때문이라 지적했다.

그가 말한 정부의 역할이란 단순히 개입과 규제를 말하는 게 아니다. 그는 정부의 전문성을 가리켰다. 정부가 시장의 자율을 최대한 보장하면서 큰 틀에서는 시장의 방향성을 정해야 한다고 믿었다.

그에게서 미국 비즈니스맨의 이미지를 느낀 부분은 다른 곳에 있었다. 내가 진행한 여러 번의 인터뷰 가운데 다른 사람을 동반한 CEO는 그가 유일했다. 이한주 CEO는 현재 베스핀글로벌이 주력하는 부분이 공공 영역이기 때문에 이 부분을 설명하기 위해 공공 부문 담당 임원이 배석했다고 말했다. 실제로 담당 임원이 나에게 베스핀글로벌의 향후 전략에 관해 설명했다. 대표의 스타일은 베스핀글로벌의 홈페이지를 보고 다시 한 번 확인할 수 있었다. 홈페이지는 각 부문 책임자를 이한주 CEO와 같은 페이지에서 소개한다. 한국의 어느 기업이 대표와 CFO(최고재무책임자), CTO(최고기술책임자)를 같이 소개할까?

스타트업은 혁신이라고 한다. 혁신은 새로움이 아니라 다름을 가리킨다. 다름에서 출발해 전혀 다른 새로움이 나타난다. 그에게서 나는 이것을 확인했다. 다름을 발견하기 위해서는 내 안의 편견부터 깨야 한다. 어찌 보면 이한주 CEO를 알기 위해 시작한 인터뷰가 나를 알아가는 과정이 되어버렸다.

새로운 컴퓨팅 파워

어느 중국인 교수가 말하더군요. 미중 무역전쟁에서 중국은 반드시 진다. 화폐와 무역 의존도 등 다양한 이유가 있겠지만 대표님의 생각은 어떠세요?

필패까지는 모르겠지만 중국이 굉장히 불리한 게 사실입니다. 우리가 사는 이 세상은 아직 미국이 주도하는 패러다임으로 돌아가죠. 특히 혁신과 테크놀로지가 중요한데, 이 분야에서 미국이 압도적이에요. 물론 AI처럼 부분적으로 중국이 앞서는 분야도 있지만요. 이러한 분야는 중국이 규제하지 않아 앞서고 있지만 여전히 미국으로 전 세계 석학과 천재들이 모인다는 점에서 경쟁하기 힘들어 보입니다. 아무리 디지털이라고 해도 우리는 물리적 공간에서 살기 때문에 석유 등 자원 분야에서 미국이 앞서는 것도 무시할 수 없죠.

중국의 AI 산업이 규제로부터 자유로운 사실은 규제가 없다는 의미인가요?

일부러 안 하기도 하고, 몰라서 안 하기도 하죠. 이익을 더 내기 위해 중국은 개인정보 이슈를 아예 뭉개버릴 수 있잖아요. 공산주의 체제만이 할 수 있는 일이죠.

물론 부작용도 있습니다. 예를 들어 P2P 같은 금융 상품에 대해 중국 당국은 한국보다 훨씬 관용적이에요. 당연히 부작용이 있죠. 하지만 부작용보다 이익이 더 크기 때문에 밀어붙이는 겁니다. 중국 정부가 몰라서 규제하지 않는 것은 아닙니다.

그렇다면 베스핀글로벌이 중국 관련해서 중점으로 하는 부분은 무엇인가요?

한국과 같아요. 클라우드 도입을 주로 합니다. 기업, 정부, 공공기관이 클라우드를 도입하는 과정에서 필요한 솔루션을 제공하는 게 주된 사업입니다.

대표님께서 클라우드를 말했는데, 사실 대중에게는 생소한 분야입니다. 클라우드의 의미를 설명해주시죠.

생소하지만, 살펴보면 일상에서 이미 많이 쓰고 있습니다. 구글 드라이브나 네이버 N드라이브뿐 아니라 이메일도 어찌 보면 하나의 클라우드입니다.

이제 모바일 기기로 인터넷이 들어왔고, 인터넷으로 연결되지 않은 것을 우리 주변에서 찾아보기 힘듭니다. 이때 기기에 연결된 인터넷 저편에 무엇이 있느냐 하면 바로 클라우드가 존재합니다. 컴퓨팅 파워는 점점 기기에서 클라우드로 옮겨가고 있습니다. 다시 말해 클라우드라는 새로운 도구가 생긴 거죠. 예전에는 정부, 국방부, 대기업에서나 이러한 컴퓨팅 파워를 가질 수 있었어요. 워낙 비싸니까요. 하지만 데이터센터를 통해 서버와 네트워크를 구축하고 일정 금액만 내면 사용할 수 있는 클라우드가 생겼습니다. 큰돈 안 들이고 그냥 쓴 만큼 내는 거죠.

4차 산업혁명을 이야기하자면 빅데이터, AI, 소프트웨어가 중요하잖아요. 이러한 모든 솔루션을 돌아가게 하려면 엄청난 컴퓨터 자원이 필요합니다. 이게 바로 클라우드예요. 따라서 클라우드 없이 4차 산업혁명을 이야기할 수 없습니다. 가령 AI를 돌리고 싶으면 이를 파악할 수 있는 컴퓨팅 파워가 필요합니다. 그렇다면 자체 데이터센터를 만들지, 아마존, MS, 구글이 만든 클라우드를 이용할지 반드시 결정해야 합니다. 이런 식으로 클라우드는 4차 산업혁명에 없어선 안 될 핵심 도구가 된 거죠.

미국에서 호스팅 업체로 크게 성공하고 이를 매각한 후 다시 한국에 돌아와

스타트업을 시작했습니다. 시장 규모도 크고 스타트업이 활발한 미국 시장을 두고 다시 한국으로 돌아온 이유는 무엇인가요?

두 가지입니다. 하나는 현실적 이유예요. 보통 기업을 매각하면 미국은 동종 업계에서 활동하지 못하도록 묶어놓습니다. 미국에서 기업을 매각하니 미국뿐 아니라 캐나다와 멕시코에서도 5년 동안 같은 분야의 다른 기업으로 옮기거나 새로운 기업을 창업할 수 없었어요. 제가 15년 동안 한 비즈니스이지만 못 하게 된 거죠. 두 번째 이유가 더 중요합니다. 사실 한국이 그리웠어요. 저는 한국에서 태어났고, 한국에 대한 특별한 마음이 있어서 '한국에서 한번 해보자' 결심했습니다.

한국에서 무엇을 할지 고민하면서 스타트업을 참 많이 만났어요. 일반적으로 스타트업은 호스팅 클라우드를 많이 씁니다. 그래서 스타트업은 제가 몸담았던 호스팅 분야에 가장 중요한 고객 중 하나입니다. 한국 스타트업 CEO와 이야기해보니 자금과 해외 진출에 대한 고민이 많았습니다. 특히 미국 시장에 진출하고 싶지만 누구에게 조언받고, 무엇을 해야 할지 모르더라고요. 이 부분에 니즈가 있다고 판단했고 제가 이것에 대한 솔루션을 제공할 수 있을 것이라 생각했어요. 저는 미국에서 사업했고 엑시트로 자금도 있으니 이것을 합치면 가능했습니다. 그리고 미국에는 초기 단계부터 투자하면서 멘토링하는 모

HELPING
YOU
ADOPT
CLOUD.

델이 있어서 벤치마킹했습니다. 이게 바로 지금의 스파크랩입니다.

미국과 비교하면 우리나라에서 창업 후 투자를 유치하고 자금을 회수하는 일련의 과정을 완성하기란 쉽지 않아 보입니다. 대표님은 한국 스타트업 생태계의 엑시트 환경을 어떻게 보십니까?

미국과 비교하면 모든 게 힘들어요. 하지만 일본, 중국, 독일, 프랑스, 영국이랑 비교하면 오히려 한국과 비슷해요. 엑시트는 어디에서나 힘듭니다. IPO를 하든지, M&A를 해야 하는데 미국처럼 활발하게 이뤄지는 나라는 없죠. 속된 표현으로 미국은 밥 먹듯이 엑시트가 이뤄집니다.

규모 있는 매각이 이뤄지려면 대기업이 해줘야 하는데 한국은 쉽지 않죠. 해외 기업도 한국 스타트업에 대한 관심과 평가가 부족해서 적극적이지 않아요. 다시 한 번 말하지만, 미국을 제외하고 어디든 마찬가지입니다. 중국 역시 그렇고요. 중국도 대규모로 커진 스타트업이 다른 스타트업을 사는 것이지 국영 기업이 하는 경우는 드물어요. 한국에서 네이버와 카카오가 그나마 M&A를 적극적으로 한다는 점에서 비슷하죠.

네이버를 말씀하셔서 질문을 추가합니다. 많은 전문가가 한국의 스타트업 생

태계를 혁신하기 위해 네이버의 문제를 제기합니다.

국내에 한정하면 그러한 지적이 이해됩니다. 하지만 네이버는 구글과 경쟁해야 하는 기업입니다. 당연히 엄청나게 많은 힘이 필요하죠. 네이버는 이미 힘든 싸움, 쉽지 않은 비즈니스를 하므로 지적만큼 응원도 필요합니다.

데이터 주권에 대하여

2016년 구글과 한국 정부가 국내 지도 데이터의 국외 반출을 두고 갈등을 빚은 적이 있습니다. 그때 문제로 지적된 부분들 가운데 클라우드가 있습니다. 한국 정부는 클라우드를 국내에 두면 지도 데이터를 주겠다고 했지만 구글이 세금 문제 등을 거론하며 거절했습니다.

그건 클라우드와 별개의 문제예요. 그리고 구글이 완전히 잘못했죠. 전 세계적으로 자국에 클라우드 센터가 있어야 한다는 법이 확산하고 있습니다. 4차 산업혁명에서 가장 중요한 자산이 데이터인데 국가와 국민의 데이터가 다른 지역, 특정 기업에 존재한다면 말이 안 되죠. 그것은 데이터 주권의 문제입니다. 유럽과 중국에는 다 그렇게 하면서, 왜 한국에서만 자존심 부리는지 이해가 안 돼요. 국내에 데이터센터 놓으면 끝입니다. 어차피 돈이 되니까 들어오는 거잖아요. 세금 문제 역시 논리적으로 어느 나라에서 영업하면 해당 국가의 법률을 따르는 게 당연합니다. 이것은 테크놀로지 이슈가 아니에요.

앞서 얘기한 지도 데이터 문제 역시 결국에는 구글과 네이버의 싸움이었죠. 제가 알기로는 네이버가 결사적으로 반대했어요. 공간정보 데이터의 확장성 때문인지 글로벌 기업의 지도 데이터 요구가 점차 거세지고 있습니다.

지도를 주권의 관점에서 보면 너무나 중요한 사안입니다. 비록 제 분야는 아니지만, 이 문제를 잘 대처해야 한다고 봅니다. 중국을 보면 답이 나와요. 중국 기업이 살아남은 이유는 구글과 이베이가 중국에 못 들어갔기 때문입니다. 만약 중국 정부가 다 풀어줬으면 어떻게 되었을까요? 저는 주류 경제학의 본산인 시카고대학교 출신이기에 자유경제주의자에 가깝습니다. 하지만 정부 역할이 매우 중요하다고 봅니다. 특정 이론에 매몰되어 바라보지 말고 사안에 따라 잘 판단해서 결정해야 하죠.

클라우드와 관련해 대중이 가장 우려하는 부분이 방금 말한 데이터 주권입니다. 이것은 행정안전부의 논리이기도 하죠. 클라우드가 서버의 서버, 인터넷의 인터넷 역할을 해서 발생하는 부분일 텐데 말이죠.

기술적 측면에서는 아무 문제가 없습니다. 데이터 주권을 말하지만 개인이 갖는 데이터 주권을 들여다보면 사실 가진 게 별로 없어요. 개인 통화 내용을 예로 들면, 정부가 다 들여다볼 수 있잖아요. 개인정보를 자신만 아는 게 아니에요. 은행이 개인이 이체한 자금 내용을 다 알고 신용카드사가 내가 소비한 부분을 알잖아요. 그렇다고 우리가 은행과 신용카드사에 뭐라 하지 않아요. 따라서 지금까지 흩어져 있는 개인정보를 새 기술로 데이터 서버로 옮기는 게 부담스러운 일은 아닙니다.

개인의 소중한 데이터를 다루는 회사, 조직, 기관이 규범을 따라야 한다는 법적 문제는 있습니다. 새로운 기술이 나왔으니 이에 걸맞은 새로운 규범이 적용되어야 합니다. 생각도 안 하고, 들여다보지도 않고, 관심도 없이 무조건 안 된다는 자세가 틀렸습니다. 이러한 기조 안에서 새로운 규제를 만들지 않으니까 오히려 문제가 발생하죠.

과거의 잣대로 현재를 평가하는 게 문제의 본질입니다. 규제가 문제가 아니라 시대에 걸맞은 규제를 갖추지 못한 게 핵심이죠.

과거에 도전적 나라였던 한국은 어느새 굉장히 보수적으로 바뀌었습니다. 현 정부가 진보적이라지만 솔직히 예전보다 덜 진보적으로 느껴집니다.

삼위일체 경제와 정부의 역할

우리는 지금 4차 산업혁명 시대에 들어서고 있습니다. 대표님은 제조업 기반의 전통 경제와 새로운 디지털 경제의 차이를 무엇이라고 보시나요?

전 세계에서 돈을 가장 잘 버는 기업을 보면 답이 있습니다. 애플, 구글, 아마존, 페이스북. 이 기업들이 잘하는 게 무엇인지 아십니까? 하드웨어, 소프트웨어, 서비스의 삼위일체를 정확히 구현하죠. 예전에는 하나만 잘해도 시장에서 통했습니다. 예를 들어 서비스는 SK텔레콤, 소프트웨어는 오라클, 하드웨어는 삼성전자가 최강이죠. 이제는 이 모든 것을 잘해야 하는 시대가 왔어요. 4차 산업혁명으로 촉발된 디지털 경제의 가장 큰 차이점은 세 가지 영역에서 모두 최고여야 합니다. 그러니 엄청 힘들죠.

방금 이야기했듯이 오라클은 소프트웨어를 잘해요. 하지만 서비스는 하지 않죠. 소프트웨어를 패키지로 파는 데 그쳤습니다. 이러니 데이터가 쌓이지 않습니다. 서비스가 왜 중요하냐면, 소프트웨어를 제공하고 인터넷에 연결하는 순간 소프트웨어와 데이터 양쪽에서 수익이 발생하기 때문이죠. 애플을 보세요. 애플은 하드웨어도 잘 만들어요. 서비스는 아이튠즈(iTunes)가 있고요. 삼위일체를 이룩한 셈이죠. 물론 세 가지 중에서 소프트웨어의 파워가 가장 중요합니다. 하드웨어는 아무리 잘 만들어도 결국에는 한계와 경쟁에 직면하지만, 소프트웨어는 부가가치 높은 서비스인 동시에 이걸 가지고 데이터를 모아서 수익을 끊임없이 만들어낼 수 있어요. 이러한 측면에서 소프트웨어를 잘해야만 4차 산업혁명에서 살아남을 수 있습니다.

AI도 결국 소프트웨어고 빅데이터도 소프트웨어입니다. 하지만 한국은 소프트웨어가 굉장히 약해요. 한국에서 말하는 소프트웨어는 시스템 통합 수준의 땜질용이죠. 일종의 영혼 없는 소프트웨어입니다. 기업이 투자도 잘 않고요. 그러다 보니 지난 20년 동안 소프트웨어 산업의 발전이 없었어요.

대표님은 혁신을 무엇이라고 생각하나요? 기술적 혁신뿐 아니라 정신적 차원에서도 생각해볼 수 있을 텐데요.

혁신은 비즈니스모델이 동반되어야 한다고 생각합니다. 발명에 비즈니스모델을 더해야 혁신인 셈이죠. 발명은 잘할 수 있습니다. 하지만 좋은 발명품을 많은 사람이 쓰게 하려면 반드시 비즈니스모델과 결합해야 합니다. 이러려면 비즈니스 플랜이 있어야 하고 합당한 투자가 뒤따라야 하죠. 게다가 시장도 있어야 합니다.

지금 혁신은 주로 소프트웨어에서 발생합니다. 하드웨어 강국

혁신은 비즈니스모델이 동반되어야 한다고 생각합니다. 발명에 비즈니스모델을 더해야 혁신인 셈이죠. 발명은 잘할 수 있습니다. 하지만 좋은 발명품을 많은 사람이 쓰게 하려면 반드시 비즈니스모델과 결합해야 합니다.

에서 소프트웨어를 첨가한 후 서비스를 붙여 판매하죠. 이러한 방식은 하루아침에 할 수 있는 게 아닙니다. 단계별로 진행해야 합니다. 어느 정도 인큐베이션(incubation) 단계도 필요하고, 이게 끝나면 액셀러레이트(accelerate) 단계에 들어서죠. 이 과정에서 자유롭게 새로움을 추구하기 위해 규제에 대한 규범을 바꿔야 합니다. 규제하지 말라는 게 아니라 규범을 바꿔야 합니다. 실질적으로 정부의 관심과 지원 역시 필요합니다.

우리는 어느 나라보다 해외 진출을 잘하는 나라예요. GDP에서 수출이 차지하는 의존도를 봐도 알 수 있죠. 아버님 세대는 영어도 못하면서 전 세계에 물건을 팔았죠. 정말 아무것도 없는 상황에서 경제를 일으켰습니다. 그때 성공의 핵심 요소를 꼽으라면 정부와 기업의 긴밀한 협력이죠.

삼성과 현대가 어떻게 수출을 했겠어요? 신용증도 없는데 바이어가 뭘 믿고 제품을 구매하겠어요. 결국에는 정부가 보증해줬죠. 그때와 비교하면 지금 기업에 해주는 부분에 대해선 솔직히 실망입니다. 지금 스타트업의 도덕적 해이가 심하니 도와주지 말라고 하죠. 우리의 장점을 너무 빨리 잊어버리지 않았나 걱정됩니다. 지금의 삼성과 현대가 어떻게 성장했는가를 보면, 얼마 되지 않은 지원을 두고 도덕적 해이를 언급하는 것은 난센스죠.

미국 정부는 어떨 것 같아요? 클라우드만 보면 아마존은 CIA와 계약한 후 달라집니다. 공식적으로 사람들이 '아, 뭔가 있나 보다' 하는 거죠. 중국도 마찬가지예요. 화웨이가 정말 사기업이라고 생각하나요? 저렇게 해서는 결코 흑자를 낼 기업이 아니에요. 삼성전자는 화웨이랑 경쟁하는 게 아니라 중국 정부와 경쟁하는 겁니다.

다시 미국으로 돌아가보죠. 미국의 전체 R&D 집행을 보면 기초과학에 투자하는 돈이 어디로 가겠어요? 기초과학에서 발생한 혁신이 시장으로 넘어옵니다. 결국 정부의 지원과 투자로 가능한 셈이죠. 저는 큰 틀에서 보라고 권합니다. 미국 정부의 어떤 부처든 집행한 예산은 전부 기업에 넘어갑니다.

디지털 경제라도 정부가 좀 더 많은 개입과 지원이 필요하다는 의미인가요?

당연합니다. 정부에서 새로운 규범을 이해하지 못하면 좋은 결정을 내릴 수 없어요. 예를 들어 클라우드를 볼까요? 아마존, 구글, MS 같은 미국 기업이 1년에 10조 이상 클라우드에 쏟아붓습니다. 대한민국에서 10조 이상 집행할 조직이 어디 있나요? 없습니다. 기껏해야 네이버가 연간 몇 천억이죠. 미국 기업이 조 단위로 돈을 넣는데 어떻게 경쟁하겠어요.

대표님 이야기는 디지털 경제에서도 대기업을 육성해야 한다고 들립니다. 이러면 정부가 선수로 뛰기 때문에 공정한 경쟁이 불가능할 텐데요.

그건 아닙니다. 이번에 어느 지방정부가 무슨 앱을 가지고 나왔죠. 말도 안 되죠. 정부가 할 일은 정말 큰 역할이어야 합니다. 이것은 사기업이 내릴 수 없는 수준의 결정이어야 하죠. 가령 인프라를 구축하는 일이 해당하죠. 국가가 왜 거기다 세금을 쏟아붓는지 모르겠어요. 정부는 새로운 규범과 제도를 만드는 정말 큰 개입을 해야 합니다.

정부는 플랫폼을 제공하는 역할이죠. 서비스 제공자나 이용자가 경쟁력을 키우고 수익을 만들어내는 공간을 제공해야죠.

이것 역시 조심해야 합니다. 플랫폼이라는 게 잘못하면 정부로 모든 게 빨려들어가죠. 정부는 10조 이상 투자할 수 있는 구조로 올라가야 하고, 그 밑은 자유롭게 경쟁하도록 시장에 맡겨야 합니다. 예전에 우리가 CDMA(code division multiple access)[1]에 올인한 적 있잖아요. 당시 정보통신부가 투자했기에 지금의 삼성전자가 있을 수 있어요. 그때 장관이 전문가였기 때문에 그런 결정이 가능했지요. 그분은 시장이 어떻게 열릴지 아신 거죠. 리더의 덕목은 언제나 올바른 의사 결정을 내리는 것입니다. 그리고 올바른 의사 결정을 내리려면 알아야 합니다. 클라우드를 알아야 클라우드 관련 의사 결정을 내릴 수 있잖아요. 과거 공무원은 시장과 기술을 잘 알았어요. 그런데 어느 순간 정부가 모든 것을 알 수 있는 세상이 지나갔죠.

산업화 시대에는 엘리트 공무원이 이끌었지만 지금은 세상을 알 수 없죠. 과거에 이룩한 성과가 공무원 뇌리에 너무 많이 박혀 있습니다. '내가 하는 게 옳다' 식이죠. 게다가 현 정부에 전문가는 없고 시민단체만 가득하다는 비판도 제기되죠.

이번 정권만의 문제는 아닌 것 같습니다. 지난 10년 정도 누적됐어요. 세상이 빠르게 변하는데 정부는 여전히 어떻게 세세히 집행할지에 연연하죠.

그렇다면 스타트업과 관련해 현 정부가 잘하는 것이 있다면요?

일상 대화에서 스타트업이 계속 언급되는 것은 정말 좋아요. 젊은 친구들에게 스타트업이 중요하고, 스타트업으로 의미 있는 삶을 살겠다고 생각하게끔 만드는 일은 정말 잘하고 있습니다. 정책적으로 투자를 늘리겠다는 부분도 좋고요. 또한 공정거래 측면에서 현재의 대기업 프레임을 새로운 규범으로 전환하려는 노력도 높이 사고 있습니다.

오늘 인터뷰도 이러한 목적의 하나죠. 젊은 층과 학생이 스타트업을 도전할 수 있는 영역으로 이야기하도록 사회 분위기를 조성하는 일. 또 정부가 과감히 스타트업에 투자하는 것도 매우 중요합니다. 이 부분에서 많은 스타트업이 정부의 간섭을 지적하기도 해요. 영수증을 써내라, 무엇을 했는지 하나하나 적어라 등이죠. 이런 부분의 개선을 요구하는데, 대표님 생각은 어떠한가요?

저는 잘못된 생각이라 여깁니다. 정부 돈을 받았으면 당연히 영수증 처리해야죠. 다만 돈을 집행하는 데 있어서 이러한 조항이 있습니다. 하드웨어 구매는 괜찮은데 소프트웨어 구매는 규제가 심하죠. 그러다 보니 미스매치가 발생합니다. 솔직히 영수증 제출하면 아무 문제없어요. 쓰면 증명해야죠. 하지만 정부가 돈을 주면서 미리 용도를 정해놓습니다. 공무원이 아무리 대단해도 이것을 모두 생각할 수 없어요.

이외에도 스타트업 관련해서 정부가 개선해야 할 부분이 있을까요?

정부뿐 아니라 사회적으로 새로운 시도에 대해 부정적인 것 같아 아쉽습니다. 솔직히 "쿠팡은 사기꾼이다"라는 이야기를 주변에서 들을 때마다 깜짝 놀라요. 쿠팡이 로켓배송을 해서는 살아남을 수 없다면서 사기꾼 취급하죠. 투자받아 자기 배만 채운다는 식의 비난이죠. 시각이 굉장히 매서워요. 솔직히 스타트업계에 있으면 이러한 시도는 당연하게 받아들여집니다. 하지만 외부에서는 적자를 내면서 기업 규모를 키우는데 사기라고 보죠. 자꾸 삐딱하게만 몰아가고 거기에 편승해 규제가 들어옵니다. 금융도 마찬가지예요. 기존 규범에서 벗어나는 게 하나만 있어도 굉장히 부정적으로 바라보죠. 저는 정부 정책을 떠나 사회 지도층이 새로운 시도에 대해 부정적으로 바라보는 사실이 가장 큰 문제라 생각합니다.

실패 비용을 줄여라

저는 스타트업이 사회문제를 해결하려는 의지와 이에 필요한 아이디어와 팀원이 있어야 가능하다고 봅니다. 스타트업은 처음부터 분명하게 가치를 정립해야 방향성을 잃지 않습니다. 기술적 이유로 중간에 실패할 수 있죠. 실패에도 불구하고 또다시 성장하기 위해서는 내가 하려는 게 무엇인지 분명히 인식하고, 그것이 사회문제를 해결하려는 의지와 결합할 때 지속 가능성을 담보할 수 있습니다.

어디서든 마찬가지예요. 미국도 비슷합니다. 좋은 조직문화가 있으면 어떠한 전략을 펼치더라도 잘 수행할 저력이 있죠. 반면 전략이 아무리 좋아도 조직문화가 세팅되어 있지 않으면 실패합니다.

대표님은 실패 비용을 줄여야 스타트업을 활성화할 수 있다고 강조합니다. 대표님이 말하는 실패 비용은 무엇이고 왜 중요한가요?

저는 제가 운영하는 스파크랩을 '실패에 투자하는 사람들' 이라고 부릅니다. 흔히 스타트업은 10개 중 2개만 생존해도 성공이라고 하죠. 그렇다면 8개는 실패입니다. 결국 스타트업은 실패에 투자하는 셈이죠.

망해도 밥 먹고 살 수 있는 부자는 상관없어요. 하지만 대부분 도전자는 실패하면 가족과 함께 길거리로 나앉아야 합니다. 우리는 사회적으로 비용이 많이 들어요. 사업에 실패하면 인생에도 실패하는 한국 스타트업의 구조에서 도전을 안 하고, 사업을 하지 않는 것이 이상하지 않죠. 하지만 사회적으로 너무나 큰 손실입니다.

전체적으로 보면 1~2%는 무엇을 하든 사업을 합니다. 하지만 40~50%는 사업을 해도 되는데, 안 해요. 왜 그럴까요? 미국을 보면 평균 창업자 나이가 45세입니다. 미국은 군대에 안 가니 한국으로 치면 대략 50대에 창업하는 셈이죠. 이게 무슨 의미일까요? 특정 산업에서 수십 년간 종사하다 보면 해당 분야를 정확히 알아요. 우리는 20대에 성공한 극소수에 주목하지만 대부분은 사회생활을 하다 50대에 이르러서야 창업하죠. 이 나이에 한국은 어떻죠? 치킨집 하잖아요. 솔직히 치킨집이 가장 위험하지만 한국의 50대는 가장 위험하지 않다고 생각해요.

도전해서 크게 망해도 신용불량자가 되지 않고 다시 재취업할 수 있는 사회. 이게 바로 실패 비용을 줄이는 것입니다. 망해도 다시 사업하는 사람은 그냥 알아서 합니다. 더 중요한 것은 사업에 실패해도 다시 취업할 수 있느냐예요. 실리콘밸리는 밥 먹듯이 창업하고 망하면 다시 취직하죠. 사업하다 망하면 대부분 창업할 엄두가 안 나요. 생각해보세요. 대단한 멘탈이 아니고서야 망했는데 뭘 또 하겠어요. 직장 생활을 선택하죠.

대표님은 베스핀글로벌 CEO이자 스파크랩의 대표 액셀러레이터입니다. 창업했을 때와 투자자로서 스타트업을 바라보면 어떠한 차이가 있나요?

결국 투자자와 실행자 입장의 차이죠. 실행자는 모든 것을 직관적으로 접근하고 빠르게 행동합니다. 무조건이죠. 이게 몸에 배어 있습니다. 그런데 투자자 입장에서 이렇게 하면 망해요. 모든 것을 객관적으로 판단하고, 실행하기 전 다른 요소들도 고려하며, 심지어 관상까지 본다니까요.

둘은 선수와 코치라고 보시면 됩니다. 선수 생활 잘했다고 좋은 코치가 되는 게 아니죠. 반면 코치 하려고 선수를 하지도 않

도전해서 크게 망해도 신용불량자가 되지 않고 다시 재취업할 수 있는 사회. 이게 바로 실패 비용을 줄이는 것입니다. 망해도 다시 사업하는 사람은 그냥 알아서 합니다. 더 중요한 것은 사업에 실패해도 다시 취업할 수 있느냐예요.

죠. 하지만 코치는 모든 것을 체계적으로 바라보고 객관적으로 평가하면서 구성원을 잘 아울러야 합니다. 게다가 좋은 청취자가 돼야 하죠. 자꾸 개입하지 말고 부처님처럼 인내하며 기다려야 하는 역할이 투자자입니다. 반면 실행자는 그냥 달려들어서 끝까지 가는 거예요.

베스핀글로벌은 최근 470억 원의 투자 유치에 성공했습니다. 투자자를 설득시킨 핵심은 무엇인가요?

세 가지입니다. 일단 시장 자체가 크지 않지만 커가는 시장이라는 점을 강조했습니다. 큰 시장에는 이미 메이저 플레이어가 있어요. 하지만 지금은 작지만 커가는 시장이다 보니 모든 플레이어가 고만고만합니다. 아직 메이저가 없죠. 두 번째는 이미 엑시트를 해봤다는 점이죠. 이것은 곧 증명했다는 의미입니다. 투자자들도 리스크 요인을 고려하는데 한 번 해봤으니 잘하겠지라는 생각을 하는 것 같습니다. 마지막으로 실적입니다. 베스핀글로벌은 계속 실적이 나오고 있어요. 이 세 가지가 일치했습니다.

그리고 한국 기업이니 한국에서 투자받아야 한다는 생각도 없었어요. 상상의 차이 같아요. 막상 해보면 먹히는데 '영어를 못하니까', '한국 기업이니 한국에서만 해야지' 등 자기를 제한하는 콤플렉스가 성장을 가로막습니다. 우리는 중국을 통해 첫 외부 투자를 받았고, 다음에는 싱가포르였습니다. 한국 스타트업이 이러한 시도를 많이 했으면 좋겠어요. 자꾸 글로벌 시장을 노크해야 합니다.

엔터프라이즈 IT 시장

여기서 정책적 조언 하나를 하고 싶네요. 앞으로 엔터프라이즈 IT(Enterprise IT)[2]에 많이 투자했으면 좋겠습니다. 한국은 많은 것을 하는데 의외로 이 분야는 없어요. 전 세계 엔터프라이즈 IT 시장이 4천조 원입니다. 그런데 한국에서 명함을 내밀 만한 기업이 없어요.

소프트웨어 잘한다고 하면 죄다 게임이나 포털로 갑니다. 지금 전 세계에서 가장 핫한 분야가 엔터프라이즈 IT라는 점에서 안타깝습니다. 물론 대기업이 가진 SI(System Integration)[3] 때문에 한국 엔터프라이즈 IT 시장이 기형적으로 바뀌었다는 점도 있습니다. 하지만 이것을 잘 조절하면 다양한 시도를 할 수 있어요.

대표님의 지적이 오늘 처음이 아닐 텐데요. 바뀌지 않는 이유가 있을까요?

본 적이 없어서죠. 한국에서 엔터프라이즈 IT는 삼성 SDS, LG CNS, SK C&C뿐이죠. 이 기업들의 문제는 너무 편하게 사업을 한다는 점입니다. 모기업에서 쉽게 받아서 아무것도 안 하고 마진 붙이는 게 다예요.

한국 기업 특유의 문화죠. 올해 공공 부문 클라우드 조직을 사내에 신설했는데, 결국 국내에서 엔터프라이즈 IT가 예상만큼 커지지 않고 수익이 안 나서 공공 부문으로 전환했나요?

그건 아닙니다. 우리가 생각하는 가장 큰 엔터프라이즈 고객이 정부입니다. 정부도 하나의 기업이죠. 그리고 한국의 공공 부문만 보는 게 아니라 국내 시장을 뚫어서 실적을 쌓은 후 해외 시장을 개척하자는 의미입니다. 실제로 사우디아라비아에서 실적이 나왔습니다. 전 세계 197개 정부가 쓰는 IT 예산이 엄청납니다. 그것을 공략해야죠.

게다가 글로벌 IT 시장에서 공공이 차지하는 비중이 40%에 이릅니다. 후진국도 공공 부문 IT에 투자하죠. 아프리카 정부도 디지털 전환이 필요합니다. 그러면 이것을 누가 하나요? 미국이나 중국이 아니라 우리가 들어가서 하면 돼요.

베스핀글로벌은 아바타 프로그램이라는 교육 커리큘럼을 운영하고 있습니다. 인재 발굴과 육성을 위해 무엇을 해야 할까요?

한국이 정말 좋은 부분은 바로 IT 인력이 많다는 것입니다. 이분들을 트레이닝하면 돼요. 그래서 돈이 필요하죠. 이분들을 데리고 와도 매출이 발생하지 않습니다. 클라우드 자체가 새로운 분야이기 때문에 트레이닝이 필수예요. 적어도 3개월에서, 길게는 1년 동안 진행합니다. 그러고 나면 1년 후에 이분들이 돈을 벌어옵니다. 기업으로서 가장 중요한 투자죠. 리크루팅(Recruiting)도 중요하지만 트레이닝이 더 중요합니다.

정부 차원에서 가장 시급히 해야 할 부분이 바로 트레이닝이겠네요.

물론입니다. 우리는 우리대로 하지만, 트레이닝은 정부가 가장 잘할 수 있는 분야입니다. 엔터프라이즈 IT 하려면 트레이닝, 특히 재트레이닝이 필수입니다. 지금 영등포, 구로, 가산에 돌아다니는 IT 인력들을 트레이닝하면 됩니다. 전 세계적으로 사람이 없어서 클라우드 사업을 못 하고 있어요. 클라우드 분야는 바로 해외 진출이 가능한 고급 인력입니다.

마지막으로 스타트업을 꿈꾸는 청년들에게 조언 부탁합니다.

창업은 굉장히 의미 있는 일입니다. 하지만 이를 위해 준비를 철저히 해야 합니다. 특히 다양한 분야의 사람을 만나는 게 필요해요. 돈을 모으기 전에 사람을 모으라고 조언하고 싶습니다. 사업은 혼자 할 수 있는 게 아니에요. 다양한 경험의 사람들을 많이 만나는 게 가장 중요합니다.

INSIGHT BOX

모두가 스타트업의 성공을 이야기하지만 스타트업의 본질은 실패에 투자하는 사업이다. 한국 경제가 스타트업을 새로운 성장동력으로 삼으려면 실패를 줄이는 것만큼 실패해도 괜찮은 사회구조를 만들어야 한다. 개인의 실패가 사회적 손실이 아니라 경험의 축적으로 이어져야 한다. 그러기 위해서는 재창업만큼 전직과 취업의 기회도 보장해야 한다. 정부의 정책과 관리 역시 이러한 부분을 다뤄야 한다. 개인의 실패비용이 사회의 기회비용으로 자리할 때 한국 경제의 새로운 가능성이 열릴 것이다.

KAIST 박사 출신의 박외진 대표가 2011년 설립한 아크릴(Acryl)은 딥러닝 기반 AI 스타트업이다. 아크릴이 개발한 감성형 AI 플랫폼 '조나단(Jonathan)' 은 텍스트, 이미지, 표정, 음성 등 개인의 모든 커뮤니케이션을 통합적으로 이해해 인간의 감성을 인식하며, 이를 바탕으로 금융, 의료, 교육 등 다양한 분야에서 AI 관련 서비스를 제공한다. 현재 LG전자와 SK C&C 등 국내 대기업으로부터 총 60억 원의 투자를 유치하며 전략적 파트너 관계를 이어가고 있다.

START-UP
NATION

CHAPTER 5

감성형 AI와 비즈니스에 대해 말하다

박외진

아크릴 CEO

정확히 중간이었다. 박외진 대표의 첫인상은 미국의 인기 시트콤 〈빅뱅 이론(Big Bang Theory)〉의 두 주인공 레너드 호프스태터와 셸던 쿠퍼 사이에 존재했다. 세계 최고 공과대학교인 캘텍(Caltech)에서 연구원으로 근무하는 이론물리학자 쿠퍼는 자기만의 세계를 가진 괴짜 중의 괴짜이며, 실험물리학자 호프스태터는 옆집 아가씨에게 순정을 품은 IQ 170의 모범생이다. 그들은 〈스타워즈〉에 열광하고, 코믹콘[1]과 플레이스테이션[2]에 빠져 사는 너드(nerd)의 전형이다.

쿠퍼보다 사회성이 있고, 호프스태터보다 날라리였지만 박외진 대표도 너드에서 크게 벗어나지 않아 보였다. 아크릴 사무실의 각 공간은 《은하수를 여행하는 히치하이커를 위한 안내서》, 《갈매기의 꿈》, 〈블레이드 러너〉 등에 등장하는 캐릭터 이름에서 따왔다. 박외진 대표는 김용의 무협 소설과 신해철의 음악에도 정통했다. 노랗게 염색한 머리, 찢어진 블랙진, 문신과 피어싱,

회의실에 자리한 피아노는 너드의 느낌을 더하는 양념 같았다.

인터뷰를 진행하면서 그에게 받은 느낌은 혁명을 꿈꾸는 르네상스적 인간이었다. 이성과 감성이 격렬하게 휘몰아치면서도 삶의 중심을 잃지 않는 사람이 바로 그였다. 박외진 대표는 새로운 기술이 가져올 혁명적 변화에 아이처럼 들떴지만 변화가 불러올 이익과 위험에 대해서는 냉정하리만큼 이성적이었다. 그는 공감형 AI를 개발하지만 사람과 기계가 공감할 필요가 없다고 딱 잘라 말했다. 인간을 이해할 필요는 어디까지나 기계가 최고의 서비스를 제공하는 수준까지였다.

자신의 기술을 이성적으로 바라본다면 스타트업에 대한 시각은 감성적이었다. 스스로 '인공지능계의 화석'으로 불렀지만, 스타트업에 대한 문제의식과 애정은 누구보다도 크고 강렬했다. 박외진 대표는 한국 스타트업의 성공을 위해 '뻘짓'을 장려해야 한다고 주장한다. 그래서 본인이 투자자라면 스타트업 투자를 기술 평가가 아니라 선착순으로 결정하고 싶다고 말했다. 성공만을 강요하고 혁신을 기대할 수 없는 한국 스타트업 환경에 대한 그의 안타까움이 배어 있는 블랙유머였다. 원숭이와 투자 전문가의 수익률 대결에서 원숭이가 이긴 경우가 있는 사실을 생각해보면 꼭 유머가 아닐 수도 있지만 말이다.

모든 기업이 마찬가지지만 스타트업이야말로 차별화가 핵심이다. 박외진 대표는 기술 개발과 스타트업 방향성 등 모든 분야에서 다른 생각, 다른 행동을 추구하는 경영자다. 누구보다도 영리하게 차별화를 파악했고 노련하게 실천하고 있다.

인터뷰 초반에 자유분방한 화법과 인상적인 외모에 속을 뻔했다. 인터뷰를 끝마치고 든 결론은 분명했다. 박외진 대표는 혁명을 기다리는 낭만적 예술인이 아니라 혁명을 직접 지휘하는 치밀한 전략가다.

자유를 획득하는 과정

비즈니스를 위해 데이터 축적이 필요할 텐데, 따로 클라우드를 이용하십니까?

다른 기업들이 그러는 것처럼 아마존도 이용하고, 아크릴의 전략적 협력사인 SK가 운영하는 클라우드도 쓰고 있습니다. 그런데 AI 개발에 필요한 클라우드의 경우 고성능이 필요해서 클라우드 비용이 많이 들죠. 저희 같은 기업에는 굉장히 부담입니다.

많은 전문가가 4차 산업혁명은 빅데이터와 이것을 축적하고 저장할 수 있는 클라우드, 거기에 빅데이터를 해석해서 유의미한 결과를 얻는 AI로 귀결한다고 말합니다. 대표님은 동의하세요?

4차 산업혁명의 구루들은 데이터가 구름으로 올라가서 분석된 후 오프라인으로 가치의 비를 내린다고 말합니다. 재미있는 표현이고 정확히 설명한 문장입니다. 누구나 스마트 기기를 쓰기 때문에 데이터가 너무 많이 만들어지죠. 여기에서 유의미한 인사이트를 도출하기 위해 빅데이터가 발전했고 데이터 속의 숨은 구조를 지능화하려고 AI가 발전했습니다. 사실 AI를 도입하길 원하는 대부분 기업이 훈련에 필요한 충분한 데이터를 확보하지 못한 경우가 많아요. 그리고 이미 보유한 데이터를 훈련용으로 변환하려면 막대한 비용이 들지요.

하지만 요즘은 데이터의 양으로부터 독립적인 방법으로 지능화를 실현하려는 노력이 이뤄지고 있습니다. 가상 데이터 생성을 위한 데이터 증강(data augmentation) 기술을 예로 들 수 있는데, 자율주행 연구에서 시도된 바 있습니다. 자율주행을 실현하려면 도시의 3차원 영상 자료가 필요하고 모의 주행도 해봐야 합니다. 언젠가 전 지구적으로 이러한 데이터가 축적되더라도 환경은 계속 변하기 마련이죠. 새로운 건물이 생기고 어떤 구조물은 사라집니다. 따라서 게임 엔진을 이용해서 가상 도시를 만들어내는 방식으로, 데이터로부터 독립적이고 좀 더 알고리즘이 힘을 발휘하는 방식으로 AI가 발전하고 있습니다.

AI에 대한 사회적 충격은 뭐라 해도 알파고죠. 수많은 데이터를 학습하는 알파고 방식을 대중은 AI라 알고 있습니다. 그런데 대표님은 AI가 이것과 별개로 진행된다고 설명하시니 놀랍습니다.

페이스북 AI 디렉터인 뉴욕대 얀 르쿵(Yann LeCun) 교수가 이렇게 말한 적이 있어요. 커다란 케이크에서 가장 중요한 것은 무엇일까? 크림일 수도, 제일 위에 놓인 체리일 수도 있지만 본질은 빵이에요. 케이크 구성에서 대부분을 차지하는 것이 빵이잖아요. 만약 케이크를 지능이라고 본다면 알파고는 그 케이크에서 어떤 부분일까요? 체리일 뿐입니다.

AI의 구현 방식인 딥러닝 기술을 구분하면 대략 3~4개로 나눌 수 있습니다. 알파고는 이 가운데 하나인 강화 학습(reinforcement learning)입니다. 가능한 모든 선택 가운데 칭찬받을 수 있는 방향으로 움직이고, 이를 통해 받는 보상을 계산하는 거죠. 그래서 알파고가 바둑을 선택한 거예요. 바둑은 어디에 둬야 하고, 어떻게 두느냐에 따라서 형국이 다르게 계산되죠. 그래서 알파고는 제일 유리한 형국으로 두고, 이후 상대방에 따라 다시 형국을 계산하죠. 강화 학습이 바둑에 잘 어울리는 방식입니다. 그래서 알파고가 성공적이었죠. 하지만 알파고가 AI를 우리 모두의 화제로 만드는 데 이바지했지만, 막연한 환상을 만들어서 기술 전반에 대한 시장의 기대를 부풀린 측면에서는 부정적인 면도 있다고 생각합니다.

결국은 현상보다 본질이 중요하죠. 기술은 끊임없이 변하는데, 그 본질을 쥐고 있어야만 한다는 지적에 동의합니다. 하나 더 말하자면, 물리적 공간이 가장 먼저 존재했고 다음에 디지털 공간이 생겼습니다. 4차 산업혁명으로 물리적 공간과 디지털 공간이 융합해 새로운 공간을 만들어냈죠.

본질이 중요합니다. 4차 산업혁명을 융합과 개인화로 설명하지만 다른 식으로도 설명할 수 있습니다. 이전 산업혁명까지의 현상들이 인간의 근력, 즉 힘의 증강이었다면 4차 산업혁명은 본격적인 지식의 증강을 추구합니다. 그런데 본질을 살펴보면, 산업혁명의 발전 과정은 '사람이 일부러 갖추지 않아도 되는 것' 들로부터 자유를 주는 방향으로 진행됐어요. 전기와 증기로 맘모스만 한 힘을 갖기 위해 근력을 키우지 않아도 됐죠. 비슷하게 AI 기술은 개인이 다 갖추지 않아도 되는 지능들을 편리하게 받을 수 있도록 해주죠. 그래서 '내가 원하는 것' 에 집중하고 공부하면 되죠. 나에게 필요 없는 지식을 갖추는 데 요구되는 시간을 해방시킨 것이죠.

증기기관이 노동으로부터 자유를 주었다면, AI는 수많은 데이터로부터 자유를 주는 계기가 되는군요. 그렇다면 인류 역사는 결국 자유를 획득하는 과정

이라고 볼 수 있네요.

산업혁명을 구분할 때 1차, 2차, 3차 등으로 나누잖아요. 산업이 어떻게 작동하느냐에 따라 그렇게 구분하는데, 4차에서 산업의 작동 원리는 무엇인가요?

4차 산업혁명이 활성화된 계기는 데이터의 존재가 알려졌기 때문입니다. 이것을 어떻게 가치 있게 만들 것인가? 이런 노력이 4차 산업혁명을 일으키는 기제라고 봅니다. 우리는 왜 이렇게 많은 데이터에 관심을 두죠? 역설적으로 우리는 더 이상 데이터를 만들지 않아도 되는 방법을 찾고 있습니다. 어찌 보면 인간이 가진 자아실현, 가치 실현의 자유를 추구하는 탐욕이 이러한 산업혁명을 불러일으키죠.

4차 산업혁명이라는 용어에 동의하십니까?

단지 이름일 뿐이에요. 4차 산업혁명의 정의가 굉장히 다양하죠. 그중에서 제일 재미있는 것은 '4차 산업혁명은 아직 시작되지 않았다' 라는 반어적 정의입니다. 어찌 보면 우리는 새로운 혁명이 아닐까 끊임없이 의심하는 시대에 살고 있습니다. 증기기관이 나타났을 때 당시 사람들은 자신들이 2차 산업혁명 시대에 산다고 느꼈을까요? 지금 이 시대가 몇 차 산업혁명의 시대인지는 30~40년이 지난 다음 세대에서 판단하겠죠. 우리는 끊임없이 이 현상을 해석하기 위해 지적 활동을 이어나가면 됩니다.

감성형 AI의 잠재력을 말하다

아크릴의 핵심은 통합 AI 플랫폼인 조나단입니다. 그리고 조나단의 핵심은 공감입니다. 대표님은 인간이 왜 기계와 공감해야 한다고 보시나요?

인간이 기계와 공감할 필요는 없습니다. 사람이 기계를 만든 이유는 기계로부터 만족스러운 서비스를 얻기 위해서죠. 어떻게 하면 만족스러운 서비스를 끌어낼 수 있느냐 하는 고민은 기계든, 사람이든 다양하게 구현됩니다. 다만 나를 잘 이해해야만 최고의 서비스를 받을 수 있죠. 이 과정에서 감성은 굉장히 극단적이고 유용한 사용자 정보입니다. 이해를 위해서 필요한 부분이고요. 저는 기계가 인간에게 충실한 서비스를 제공하기 위해 감성 능력을 갖춰야 한다고 보았고, 나아가 사람과 공감할 수 있다면 최적화된 서비스가 가능하다고 생각했습니다. 인간이 청소기를 이해할 필요는 없어요. 본질은 언제 청소해야 하는지, 어떻게 청소하면 좋은지에 있는 거죠. 즉 청소기가 인간을 이해해야 합니다.

감성 기반 AI가 비즈니스 잠재력을 지녔는지 궁금합니다.

잠재력은 어마어마해요. 감성은 사람의 상태입니다. 희로애락만 생각하면 너무 단순하지만 사람의 상태라고 하면 범주가 엄청나게 확대됩니다. 위험한 순간, 누군가 손길이 필요한 순간, 아니면 급작스럽고 예외적인 순간. 한 생명을 좌지우지하는 일일 수 있어요. 교육부 자료를 보면, 자살하는 청소년 10명 중 6~7명이 자살 전 SNS에 어떤 암시를 드러낸다고 합니다. 만약 AI가 자살 청소년의 상태를 알 수 있다면 도움을 줄 수 있겠죠.

만약 누군가 AI와 연결된 스피커로 우울한 음악을 자주 듣는다면, 축적된 데이터로 위험성을 감지한다는 의미인가요?

네. 〈그녀(HER)〉라는 영화에서 "다음(Next), 다음"이라는 표현이 영화 초반에 나옵니다. 우울한 노래를 틀어 달라고 말하니 AI는 우울한 노래들을 틀어줍니다. 그런데 듣기 싫으니 "다음, 다음"이라고 하죠. 영화 중반에 이르면 이혼으로 고민하던 주인공에게 AI가 이메일 도착을 알려줍니다. 주인공이 메일 검색을 위해 "다음, 다음"이라고 말하자 AI가 "괜찮아요?"라고 물어봅니다. 가상 비서로서 익숙한 AI와 공감형 AI의 차이를 보여주는 장면이에요. 같은 AI이지만 이용자가 느끼는 차이는 엄청나게 큽니다.

감성을 이용한 비즈니스 기회는 전통적으로 광고에서 늘 있었어요. 제품에 따라 표정이 변하는 것을 보며 무엇을 좋아하는지 파악할 수 있죠. 이것이 드론, 로봇, AI 스피커로 확대되고 있습니다. 누군가 길거리에서 괴로워하는 표정으로 쓰러지면 로봇이

인식하고 위험을 알려주는 형태로 나타날 수 있어요. 사람의 상태를 확인하는 지표로 감성을 연구하는 기업이 점차 늘고 있습니다.

그렇다면 현재 감성형 AI는 어느 정도 수준에 도달했나요?

사람의 감성 메커니즘은 외부 자극이 가해지면 내부 신경이 본능적으로 반응하면서 시작됩니다. 신경이 작동해 생성되는 상태를 느낌(feeling)이라고 얘기하죠. 이때 사회적 학습이나 훈련에 따라 느낌이 사회화되고 적응하면서 순화되는 과정을 거칩니다. 이것을 보통 감정(emotion)이라고 하죠. 감정이 장기 기억 메모리(long-term memory)로 옮겨가면 분위기(mood)가 됩니다. 이후부터는 동일 자극이 들어와도 개인이 어떤 분위기에 있느냐에 따라 느껴지는 감정 상태가 달라집니다. 현재의 AI 수준은 자극이 있을 때 대부분 사람은 어떤 감정을 갖는지를 예측하는 수준입니다.

감성 기반 비즈니스 잠재력은 AI가 맥락을 이해할 수 있느냐에 따라 달라질 것 같네요. 기술이 인간의 사회적 커뮤니케이션을 이해할 수 있을까요?

현재의 AI 패러다임은 데이터 입력에 따른 훈련입니다. 감성을 이해하는 것도 그런 것처럼 보이는 거예요. 실제로는 어떤 현상을 사람이 어떻게 느낄지, 그것의 가능성을 통계로 계산할 뿐입니다. 맥락도 이를 표현할 수 있는 다양한 데이터가 준비된다면 언젠가는 인식하는 것이 가능하겠지요. 물론 매우 복잡하고 어려운 문제겠지만.

실패가 자연스러운 문화

대표님은 무협지를 좋아하고, 인문학자와 협업하는 것으로 유명하죠. 이러한 시도가 아크릴 경영에 도움이 되나요?

아크릴을 창업할 때 가장 먼저 합류 의사를 타진한 대상이 인간공학을 공부한 분이었어요. 지금의 부사장이죠. 감성을 정보로 다루기 위해서 정보의 주체인 감성을 이해해야 했습니다. 저는 이 분야에 전문지식이 전혀 없었어요. 그래서 감성 이면에 놓인 거대함에 대해 두려움을 가졌었습니다. 그래서 처음부터 이 두려움을 전문가에게 위탁했어요. 저에게는 굉장히 필요하고 너무나 자연스러운 과정이었다고 봅니다. 스타트업에 모든 전문가가 있을 수 없어요. 그래서 이런 방식의 협업이 매우 필요합니다. 그동안 재미있는 시도를 많이 했어요. 뮤직비디오 감독을 만나 감성을 상의하고 실제로 작은 프로젝트도 진행했습니다. 2~3분 되는 짧은 시간 동안 압축된 메시지를 전달하는 뮤직비디오 감독은 감성을 잘 이해하고 있지 않을까 생각했었죠.

아크릴 초창기에 미디어와 대중은 기술 기반 스타트업이 심리학, 인문학과 협업하는 것에 관심을 보였죠. 그런데 최근에는 더 이상 협업을 진행하지 않는다고 들었습니다.

통섭이 이렇습니다. 예전에는 다른 분야 전문가와 의견을 나누는 과정이 통섭이었다면 지금은 데이터라는 매개체를 통해 더 넓게 이뤄지고 있다고 생각해요. 저희의 경우 많은 분이 직접 AI를 훈련시키는 데이터 개발에 참여하고 계십니다. 많게는 50~60명이 참여합니다. 이분들은 아크릴의 기술과 전혀 상관없지만 감사하게도 기꺼이 데이터를 만드는 데 참여하고 계시죠.

우리는 이런 분들이 편리하게 데이터 개발을 하실 수 있도록 도와주는 도구들과 시스템을 갖고 있어요. 예를 들어 이용자는 어떤 문장을 보면서 어떤 감정이 느껴지는지 직접 입력합니다. 이런 식으로 아크릴을 잘 모르는 분들이 무려 20만 건 이상의 데이터를 만들어줬습니다. 이것을 그래프로 환산해보니 서울대 언론대학원에서 대학원생 100명을 대상으로 진행한 연구의 그래프와 거의 유사했어요. 어찌 보면 전문가 중심으로 이뤄졌던 예전의 통섭이 일반 대중의 참여 형태로 바뀐 셈이죠. 결국 우리의 AI 구축은 집단지성에 기반하고 있다고 볼 수 있어요.

한국에서 스타트업 하기란 참 어렵죠. 대표님도 그간 인터뷰에서 자생적 생태계에 대한 고충을 여러 번 언급했습니다. 자생적 생태계를 설명해주세요.

실리콘밸리에서는 세 번 실패한 CEO를 가장 가치 있다(valuable)고 여깁니다. 하지만 한국은 세 번 실패하는 CEO가 나올 수 없는 구조예요. 운이 없거나, 기술은 훌륭하지만 잘 안 되는 때도 있습니다. 하지만 실패하면 개인이 가진 훌륭한 자산을 사회적으로 활용할 수 없어요. 이 부분을 개선하지 않으면 아무도 스타트업을 시도하지 않을 것입니다.

제가 자생적 생태계라고 이야기하는 부분은 스타트업이 대담하게 행동하도록 많은 지원이 있고, 실패가 대단히 자연스러운 문화를 가진 시장을 말합니다. 다행히 연대보증이 철폐된 부분은 아주 잘됐습니다. 앞으로 창업만 지원하는 게 아니라 수요 매칭을 지원해야 합니다. 또한 뻘짓을 격려하지 않더라도 그러한 토대가 만들어질 필요는 있습니다.

《축적의 시간》이라는 책을 보면, 대한민국이 발전하기 위해선 실패의 경험을 축적해야 한다고 강조합니다. 대표님 언급대로 실패하면 끝나버리니까 축적이 안 되고 사회적 낙인이 찍히죠. 이를 위한 대안으로 결국 사회적 안전망이 언급됩니다. 내가 실패하더라도 최소한 먹고사는 문제가 해결되는 구조가 스타트업 생태계에 필요하죠.

그나저나 뻘짓이라고 표현했습니다. 대표님께서 실패를 사회적으로 전환하는 뭔가 색다른 뻘짓을 한다면 무엇을 시도하겠어요?

전 지금도 진행형입니다. 운 좋게도 저의 뻘짓을 지지하는 주주와 기관을 만났죠. 대부분은 이러한 기회를 얻지 못합니다. 아예 시작조차 못 하는 경우가 허다하죠. 만약 제가 VC(venture capital)라면 투자를 선착순으로 해보고 싶습니다. 이러한 시도가 기술평가, 시장 평가를 열심히 한 경우와 큰 차이가 나는지 실험하고 싶어요. 예전에 원숭이와 전문 투자자에게 주식 수익률 경쟁을 시켰더니 원숭이가 이길 때가 있었습니다. VC에서도 원숭이 모델이 있어야 한다고 생각해요.

시간의 가치를 제공하는 기술이 핵심이다

대표님은 디지털 경제를 좌우할 핵심 기술이 무엇이라고 보시나요?

디지털 경제를 잘 모르겠어요. 디지털 경제는 더존(douzone)[3]과 엑셀을 쓰는 경제인가요? 이전에 아날로그 경제는 무엇일까요? 저는 4차 산업혁명을 불필요한 정보 유입이 지능적으로 차단되어 인간이 좀 더 본질적 가치를 추구할 수 있는 '회귀의 혁명'으로 봅니다. 즉 예전에 스스로 해야 하고 알아야 하는 지식이 AI

운이 없거나, 기술은 훌륭하지만 잘 안 되는 때도 있습니다. 하지만 실패하면 개인이 가진 훌륭한 자산을 사회적으로 활용할 수 없어요. 이 부분을 개선하지 않으면 아무도 스타트업을 시도하지 않을 것입니다.

로 서비스되고, IoT(Internet of Things, 사물인터넷) 기술로 제어되며, 빅데이터를 통해 경험이 가공되어 선별되는 과정에서 인간이 예전에 다 갖춰야 하는 지식적 무장과 행동양식에서 자유로워지면서 시간을 좀 더 생산적으로 활용할 수 있게 하는 사회적 변화가 4차 산업혁명의 본질이어야 한다고 믿습니다. 따라서 디지털 경제에선 지능적 정보 차단을 통해 시간의 가치를 제공하는 기술이 핵심이 될 것이며, 이는 온라인과 오프라인의 통합화, 개인화, 지능화 그리고 인간이 스스로 추구하는 가치에 대한 보안이 포함된다고 여겨집니다.

플라톤은 국가의 존재를 국민의 행복으로 규정했습니다. 지금의 4차 산업혁명 논의는 개인의 행복이라는 본질을 놓치는 게 아닌지 우려스러워요. 이게 왜 필요한지 그리고 계속 진화할 수 있는지 기술만 이야기했지 인간에 대해서는 말하지 않았는데, 대표님께서 바로 이 부분을 지적해주셨습니다. 그렇다면 대표님은 기술의 미래를 어떻게 보시나요? 인간이 추구하는 가치를 기술이 더 향상시킬까요? 아니면 인간의 존엄과 가치를 훼손하는 디스토피아로 이어질까요?

지금은 중간 과정에 있다고 봅니다. 맥킨지(McKinsey) 같은 주요 컨설팅 업체의 예측을 보면 기술로 줄어드는 일자리와 새로 창출되는 일자리의 비율이 비슷합니다. 본질은 직업이 사라지기보다 더욱 전문화된 능력을 갖추도록 일자리의 성격이 변하는 거죠. 예를 들어 은행에서 고객 상담 중 모르는 부분을 AI가 알려준다고 가정해보죠. 은행 직원은 자기가 아는 것처럼 응대하지만 핵심은 아는 척하게끔 도와준다는 것입니다. 이게 나쁘다는 의미가 아니에요. 이를 통해 은행 직원은 금융 상품을 공부할 시간에 고객에게 줄 수 있는 더 큰 가치를 실현할 수 있죠. 이런 식으로 해석해야 합니다. 물론 단순 반복 업무가 사라지는 것을 막을 수는 없어요. 하지만 이러한 변화가 극적으로 발생하지는 않을 것 같습니다. 왜냐하면 AI는 책임지지 않으니까요. 요즘 AI가 암을 진단하지만 결코 처방은 할 수 없습니다. AI는 단지 의사의 판단을 도와줄 뿐이죠.

왓슨(Watson)[4]의 효용성 논란이 있는데, 이러한 측면에서 이해해야 할까요?

IBM의 왓슨은 두 가지에서 문제가 되고 있습니다. 하나는 규제이고, 다른 하나는 의료계가 오래전부터 갖고 있었던 기존 질서 파괴에 대한 우려로 발생한 저항이죠. 병원마다 데이터가 달라요. 의료계에서 데이터를 공유하고, 포맷도 공유해야 하지만 병원마다 생태계 구축을 위해 다른 형태를 지향하다 보니 어려움이 많죠. 왓슨이 이 병원에서 잘 테스트되는데 저 병원에선 성능이 안 좋게 나오는 이유가 바로 여기에 있죠. 특정 산업계가 가진 이기심과 기존 시스템을 운영하기 위해 탄생한 규제 때문에 고통받는 게 의료 AI죠.

기득권과의 갈등은 항상 발생합니다. 혁신이 기존 산업을 파괴하며 신산업을 일으키기 때문에 불가피하죠. 아까 책임을 말씀하셨는데, 제가 2018년 CES에서 직접 목격했던 것도 비슷합니다. CES에서 가장 핫한 주제가 보험이었습니다. 자율주행처럼 기술은 엄청나게 발전하는데 책임 여부는 아직 그대로죠.

맞습니다. 아이러니하게도 보험 역시 AI에 의존하려 합니다. 최근 인슈어테크[5]가 핀테크보다 유망한 분야로 꼽히고 있습니다. 고객 불만에 드는 비용을 줄이기 위해 AI를 쓰죠. 어쩌면 AI로 생긴 문제를 책임지도록 AI에 의존하는 아이러니가 생겨날지도 모르겠습니다.

뜻밖의 대사건

이건희 회장은 신입 임원에게 업의 본질을 물어보는 것으로 유명합니다. 예를 들어 호텔의 본질을 부동산이라고 규정하죠. 대표님이 생각하는 아크릴과 스타트업의 본질은 무엇입니까?

이건희 회장께서 그런 말씀을 하셨다니, 놀랍네요. 호텔업의 본질이 부동산이면 사용자 입장에 대한 고려는 배제된 것인가요? 아크릴의 본질은 '대한민국 AI팀'이며, 지능화 서비스의 제공입니다. AI 기술 도입이 필요한 조직이 있으면 그들의 팀인 것처럼 서비스를 제공하는 게 아크릴의 현재 방향이죠.

금융 분야에 종사하는 분들은 정부 지원이 강화되어야 한다고 말합니다. 반면 기술 기반 스타트업은 규제 철폐를 주장하죠. 지원 또는 철폐의 이분법적 구분을 벗어나 현장에서 체감하는 부분을 알고 싶습니다. 꼭 이뤄져야 하는 지원 또는 반드시 철폐해야 하는 규제 하나가 있다면 무엇일까요?

너무 많아요. 일단 스타트업은 인지도가 없어서 마케팅에 어려움이 많죠. 아무리 소셜 미디어를 활용한다고 해도 전담인력을 비롯해 고정적으로 들어가는 부담이 상당합니다. 이 모든 것을 스타트업이 부담하는 것은 어려워요. 그래서 스타트업 기술 또는 브랜드를 알릴 수 있는 프로그램들이 더 많아졌으면 합니다. 좋은 프로그램과 서비스가 있어도 고객을 만나지 못해 망하는 경우를 많이 봤습니다. 정부가 구매해서 아예 고객이 돼주는 것도 한 방법이죠. 아니면 보험처럼 스타트업 개발 실패를 보장해 주는 것도 좋고요.

스타트업에 대한 정부 지원 사업이 많잖아요.

유연성이 떨어집니다. 누가 잘 모르는 중소기업 제품을 구매하나요? 마케팅 비용 지원하지 말고 정부가 구매하는 것이 가장 효과적입니다. 대한민국 정부가 구매했다는 사실이 제일 좋은 마케팅이거든요.

공공조달이 관건이네요. 실패해도 좋으니 시도해봐라. 우리가 사줄게. 실효성을 떠나 참 좋은 정책입니다. 그렇다면 없어져야 할 부분은 무엇이 있을까요?

정부 R&D 프로그램이 스타트업 특성을 살리는 방향으로 진행되어야 합니다. R&D를 하고 결과물을 전달하는 과정에서 말도 안 되는 문서들을 작성해야 하는 경우가 많아요. 그 일을 전담할 인력이 필요하거나, 오히려 일의 본질이 바뀌는 경우가 많습니다. 정부 프로세스에 아직 전통적 감리 또는 평가의 흔적들이 있어서 4차 산업혁명의 주요 분야들과 맞지 않는 부분이 많죠.

돈을 다른 곳에 쓴다는 생각으로 만든 오래된 규제를 스타트업에 적용하네요. 공무원은 아무래도 실패를 사회적 자산으로 전환하는 데 소극적일 수밖에 없습니다. 책임지는 자리니까요.

화제를 좀 바꿀까요? 아크릴 연관검색어에 LG전자가 있습니다. 큰 화제였죠. LG전자의 전략적 투자 과정을 소개해주세요.

LG전자는 아크릴 감성 기술의 첫 고객이었습니다. 2013년 스마트TV에서 영화 감성 분류 서비스를 위해 아크릴 기술을 구매했죠. 이게 인연의 시작입니다. 지금까지 LG전자와 다양한 일을 진행했습니다. 가령 스마트TV의 영화 추천은 보통 최신순, 인기순이잖아요. 하지만 해외에서는 이미 감성을 범주화한 큐레이션 서비스가 이뤄지고 있습니다. 보면 울적해지는 영화, 기분 좋아지는 영화, 힐링되는 영화 등. 데이터베이스화된 영화가 200만 개에 이르기 때문에 사람이 이것을 일일이 분류할 수 없어요. 그래서 우리는 포털과 영화 사이트에 달린 한 줄 평을 감성 분석했어요. 이용자 댓글을 분석하니 영화에 대한 느낌이 발견되더라고요. 이것을 이용해서 영화를 감성에 따라 자동 분류했습니다.

LG전자에서 파트너십 만족도가 높았군요.

LG전자는 오랫동안 감성에 관심을 두고 R&D에 투자했어요. 특히 LG전자가 주목하는 로봇 분야에 감성 지능을 도입하려고 전략적 파트너를 모색할 때 아크릴이 선택되었죠. 전략적 투자는 로봇 관련 파트너십 체결 이후 이뤄졌습니다. 로봇과 관련해 많은 일을 같이했으니 주주 관계가 좋겠다고 LG전자가 판단했죠.

LG전자가 10억을 투자한 게 효과가 큰가요, 아니면 감성 인공지능을 구매했다는 게 큰가요?

LG전자와의 협력은 아크릴에게 기술을 업그레이드할 다양한 기회를 줬습니다. 너무 만족하고 있어요. 기업 경쟁력 부분에서 강점이 생겼죠. 하지만 마케팅과 브랜드 인지도 측면에서 이렇게 큰 관심을 불러일으키리라고 미처 생각하지 못했습니다. 뜻밖의 대사건이죠.

스타트업 DNA

액셀러레이터에 대해서는 어떻게 생각하나요?

훌륭한 사람도 있고, 이상한 사람도 있죠. 사실 액셀러레이터는 큰돈을 투자하지 않아요. 이분들은 더 많은 스타트업을 지원해야 하므로 조금씩 나눠서 하죠. 액셀러레이터 투자 규모를 확충하도록 도와주거나 펀드 운용의 자율성을 더 부여해야 기술과 사람에 대한 동기부여가 이뤄집니다.

스타트업 미팅에 나가면 저를 인공지능계 화석, 인공지능계 삼엽충으로 소개하는 분이 있어요. 스스로 인정합니다. 제가 보기엔 AI 분야에 삼엽충 같은 분들이 너무 많아요. 정책을 입안하거나 사업을 평가할 때 젊은 목소리가 반영되어야 합니다. 하지만 현실은 내일모레 정년인 분들이 모여서 하죠. 이분들을 비난하는 게 아니에요. 다만 AI를 총괄 지휘하기에는 시대 흐름을 쫓아가는 것이 이미 현실적이지 않으신 분들도 계신다는 거죠.

AI 시장이 본격적으로 열릴 것으로 전망됩니다. 하지만 네이버, 삼성 같은 국내 기업은 오히려 해외 스타트업에 투자하죠. 이유가 뭘까요?

AI에 대한 투자는 점점 활발해지리라 봅니다. 투자 성격은 전략적 성격보다 소규모 기업을 인수하는 방향일 가능성이 큽니다. 100억 이내 작은 규모의 M&A에 주목할 필요가 있어요.

대기업은 AI 기업에 대해 협력이 아니라 내재화하려는 욕망을 시장에 발산하고 있습니다. 굉장히 우려스러운 부분이죠. 스타트업이 대기업에 인수되고 훌륭하게 변한 경우가 한국에서 단 한 차례도 없었습니다. 스타트업 본연의 캐릭터를 잃어버리고 평범한 대기업 직장인처럼 변해가죠. 그리고 대기업이 외국에 투자하는 것은 비단 AI에 한정된 일도, 어제오늘 일도 아니에요. 바로 옆집에서 100원에 파는 물건을 꼭 옆 동네까지 가서 200원에 사 오는 게 대기업입니다. 이유를 잘 모르겠어요.

지적하고 싶은 부분은 AI 시장이 활짝 열려야 하는데, 누가 잡는 느낌입니다. 열리긴 해서 저쪽이 보이는데, 내가 들어가기에는 아주 불편한 정도의 넓이라고 할까요? 잡는 사람들이 대부분 주춤하는 사람들이죠. '너부터 해봐라' 라는 식으로.

아크릴은 금융, 의료, 로봇의 사업 영역을 가지는데, 금융 부분과 일하다 보면 자꾸 무엇을 보여 달라고 합니다. 보여주는 것과 실제 구축하는 것이 사실 큰 차이가 없을 때가 많아요. 하지만 우리가 설명하면 무작정 보여 달라고 합니다. '이런 요구를 왜 이렇게 당당하게 하지?' 라며 놀랄 때가 많아요.

2020년 IPO 포부를 밝히셨는데, 대표님이 생각하는 아크릴의 최종 목표는 무엇인가요?

제가 바라는 그림은 AI를 공부하는 학생이 가장 취업하고 싶은 회사가 되는 것입니다. 해외에는 AI 하면 떠오르는 기업이 몇 개 있어요. 안타깝게도 한국은 아니죠. 그래서 대한민국 AI를 상징하는 브랜드가 되는 것이 목표입니다.

대기업에서 배울 수 있고, 누릴 수 있는 게 많지만 저는 학생들이 가치 부분에서 많은 매력을 느끼도록 아크릴을 키우고 싶어요. IPO는 이러한 인지도를 갖기 위한, 동시에 내부 연구원과 주주들이 성과를 공유하는 과정입니다. 지금 조금씩 진행하고 있어요.

스타트업을 꿈꾸는 창업 후배에게 해주고 싶은 말이 있다면?

제가 스타트업을 시작할 때 주위의 모든 사람이 좋은 말만 해줬어요. 하지만 곰곰이 생각해보면, 제 주위 대부분 사람이 스타트업을 잘 모르고 있었습니다. 분명 몇몇은 "망하면 인생도 끝난다." "그래서 내일부터 뭐 할 거야?" "돈을 어떻게 마련할래?"라고 이야기해줘야 했는데도 말이죠. 스타트업을 꿈꾸는 사람들은 이러한 음과 양을 동시에 들어야 해요. 정부에서도 스타트업의 장점뿐 아니라 실패했을 때에 관해서도 이야기해야 합니다. 이런 모든 것을 듣고도 무조건 시작하고 싶은 생각이 든다면, 그런 사람들이 스타트업을 하는 거죠.

전 스타트업을 하는 사람들에게 공통적인 DNA가 있다고 믿어요. 이 유전자가 있으면 결국 스타트업을 하게 되죠. 아무리 리스크를 이야기해줘도 자석처럼 스타트업에 끌려오는 사람들이 진짜로 있거든요. 반면 이런 DNA가 없으면, 아무리 좋은 대우를 해줘도 스타트업에 오지도 않고 금방 떠나죠. 그래서 후배들에게 말해주고 싶습니다. 안 좋은 이야기도 충분히 많이 들어라. 그래도 진짜 하고 싶은지 자신을 살펴봐라. 만약 무조건 창업하고 싶다는 생각이 있다면 당신은 DNA가 있는 사람이다. 무엇을 망설이는가!

스타트업을 꿈꾸는 사람들은 이러한 음과 양을 동시에 들어야 해요. 정부에서도 스타트업의 장점뿐 아니라 실패했을 때에 관해서도 이야기해야 합니다. 이런 모든 것을 듣고도 무조건 시작하고 싶은 생각이 든다면, 그런 사람들이 스타트업을 하는 거죠.

INSIGHT BOX

대부분 스타트업은 소비자에게 편리함을 제공하려고 노력한다. 쉽게 해외 호텔을 예약하고 빠르게 보고서를 작성할 수 있도록 도와준다. 이러한 제품과 서비스가 주목을 받는 이유는 소비자에게 그동안 놓치고 있던 일상의 시간을 되돌려주기 때문이다. 스타트업의 본질은 인간에게 자유를 제공하는 데 있다. 소비자를 자유롭게 만들지 못하는 편리함은 결코 시장에서 살아남을 수 없다. 소비자가 무엇을 더 할 수 있도록 만드는 유용성이 아니라 무엇을 하지 않아도 되도록 서비스를 제공해야 한다. 따라서 스타트업은 이용자의 '시간' 이라는 본질적 가치에 집중해야 한다.

포항공과대학교 수학과를 졸업한 이효진 대표는 우리은행을 거쳐 8퍼센트(8PERCENT)를 창업했다. 개인 간(P2P) 금융 업체인 8퍼센트는 지금까지 약 1,800억 원을 연결하며 중금리 대출 분야에서 시장의 관심을 한 몸에 받는 국내 대표 핀테크로 성장했다. 8퍼센트는 현재 대출 잔액 600억 원을 넘어섰고, 누적 대출 상품도 1만 개를 돌파했다. 그리고 스타트업으로는 유일하게 인터넷전문은행 케이뱅크에 주주로 참여하고 있다.

START-UP
NATION

CHAPTER 6

연결의 혁신으로 사회적 연대를 꿈꾸다

이효진

8퍼센트 CEO

연결의 혁신으로 사회적 연대를 꿈꾸다

궁금했다. 인터뷰에 응한 모든 스타트업 CEO에 대해 궁금했지만 이효진 8퍼센트 CEO에게 유독 그랬다. 이효진 대표는 여성 경영인이다. 인류의 절반이 XX 염색체를 지닌 존재라서 새로울 것이 없지만, 우리가 딛고 사는 이 세상은 흔히 여성을 직원이 아니라 여직원, 학생이 아니라 여학생으로 부르는 구별짓기를 한다. 나는 CEO가 아니라 여성 CEO라는 타이틀을 지닌 그녀의 무게감이 궁금했다.

그녀는 인터뷰에 선정된 유일한 여성 CEO였다. 스타트업계에서 여성 CEO를 찾기 어려웠고, 유니콘으로 성장할 유망한 스타트업 여성 CEO를 찾기란 더욱 어려웠다. 그래서 그녀에게 듣고 싶은 이야기가 많았다.

궁금했다. 아무리 생각해도 금융과 스타트업은 본질이 다르다. 금융은 리스크를 회피하는 게 핵심이지만, 스타트업은 어떻게 리스크를 수용할지가 관건이다. 그런데 금융과 스타트업의 조합이라니 놀랍기도 하고 의아스럽기도 했다. '기존 금융 서비스를 단순히 포장하는 게 아닐까?' 라는 의구심에 대한 답을 찾고 싶었다.

결론부터 말하자면 나는 궁금증을 해결하지 못했다. 질문 자체가 틀렸기 때문이다. 그녀에게서 여성 CEO라는 점을 느끼지 못했다. 이효진 CEO는 그냥 CEO였다. 스타트업에 있어서 남성과 여성의 차이란 무의미하다. 물론 한국 스타트업 생태계에서 여성보다 남성 CEO가 월등히 많다. 하지만 여성의 혁신성과 도전의식과는 전혀 무관하다. 단지 남성에 비해 여성이 스타트업을 창업하고 키우기 어려운 사회구조 때문이다.

이효진 대표는 신입사원 면접을 산후조리원에서 진행해 화제가 된 적이 있다. 돌이켜보면 이것이 왜 화제가 되어야 하는지 이해할 수 없다. 당시 이효진 대표는 신입사원이 필요했고, 이를 해결했을 뿐이다. 그녀는 애당초 임신을 모르고 법인을 설립한 것이 아니라고 담담히 이야기했다. 따라서 산후조리 와중에도 일하는 슈퍼우먼으로 묘사해서도 안 되고 워커홀릭으로 비난해서도 안 된다. 그녀는 CEO로서 역할에 충실했고 사회는 그것을 인정하면 된다.

금융과 스타트업의 조합도 마찬가지다. 두 가지의 본질은 변함없지만, 이 두 가지가 합쳐져 탄생한 핀테크의 본질은 금융과 스타트업과는 전혀 다르다. 가장 차갑다는 금융과 기술이 합쳐 사람에게 가장 따뜻한 서비스를 제공할 수 있다. 사실 8퍼센트는 하이테크 스타트업이 아니다. 하지만 발상의 전환으로 금융 소비자가 가장 필요로 하는 새로운 시장을 개척했다. 그래서인지 이효진 CEO는 다른 스타트업 CEO에 비해 사회적 가치를 자주 언급했다. 다른 스타트업이 무엇을 시장에 던질지 초점을 맞춘다면 8퍼센트와 이효진 대표는 무엇이 시장에 필요한 것인가에 집중했다.

혁신은 새로움이다. 그렇다고 모든 새로움이 세상에 존재하지 않던 무엇을 의미하지 않는다. 다름은 새로움의 다른 말이다. 다르게 생각하고, 다르게 바라보면 지금까지 외면했던 가치가 새롭게 나타난다. 이러한 점에서 이효진 대표는 다르게 시도해 가치를 만들어내는 경영자다. 우문현답이었던 나와 그녀의 인터뷰는 이것을 확인하는 과정이었다.

본질과 혁신의 연결

대표님은 포스텍 수학과를 졸업하고 우리은행에 입사했어요. 흔치 않은 일이죠?

특별한 이유는 없었어요. 4학년 올라가면서 취업과 진학을 놓고 고민했죠. 처음부터 창업에 관심이 있었던 것은 아니고요. 4년 동안 수학을 공부하면서 순수 학문을 공부하는 것은 엄청난 결심과 의지가 있어야 가능하다고 느꼈어요. 게다가 학교에서 배웠던 부분이 산업에서 어떻게 활용되는지 알고 싶었고요. 그래서 취업을 선택했습니다. 당시 수학을 많이 쓰는 분야가 IT와 금융이었는데, 2008년 글로벌 금융 위기 직전이라 금융 수학에 대한 수요가 특히 많았어요.

은행에서 담당했던 업무는 무엇이었나요?

공채로 입사했기 때문에 시키는 일은 다 했죠. 영업점 발령 나서 기업 금융과 창구 업무도 한 번씩 돌았습니다. 가장 오래했던 업무는 트레이딩입니다.

은행에서 일하다 해외 P2P 금융을 접하고 창업을 결정했나요?

일단 은행을 그만뒀어요. 알아보고 퇴사한 게 아니라 먼저 그만뒀죠. 새 삶을 살아야겠다는 마음이었어요. 내 인생을 리셋하고 새로움을 시도하려고 궁리하던 시점이에요. 그때 좋은 회사 다니며 연봉도 많이 받던 친한 친구가 18% 금리를 쓰더라고요. 그 친구를 목격한 후 마침 그 주에 다른 친구와 미국에는 이런 모델이 있는데 한국은 왜 없을까 하는 이야기를 나눴어요. 불현듯 '아! 이 친구의 문제를 저 친구가 해결할 수 있겠네' 라고 생각했습니다. 그래서 빠져들기 시작했죠.

창업 후 신입사원 면접을 산후조리원에서 진행해 화제가 됐습니다.

임신 중에 창업했어요. 2014년 11월에 법인을 설립했는데 아이는 2015년 3월에 태어났죠. 법인 설립 후 7개월 만에 태어났으니 애당초 모르고 한 것은 아니에요. 실제로 임신 3개월째 법인을 설립했어요. 기업이 한창 성장할 시점이라 면접 인터뷰도 산후조리원에서 하게 됐어요.

한 친구의 어려움과 다른 친구의 아이디어로 창업한 흥미로운 스토리네요. 대표님이 생각하는 P2P 금융의 본질은 무엇입니까?

두 가지로 생각할 수 있죠. 첫째는 기술 발전입니다. 신용평가를 정확히 하고, 온라인으로 효율적으로 처리하며, 자동화를 적극적으로 도입하는 등 이 모든 것이 갑자기 나타난 게 아니라 그동안 축적된 기술로 지금에서야 활용할 수 있게 되었죠. IT 기술의 발전이 산업을 여기까지 오게 했고 앞으로도 발전의 방향성이라고 생각합니다. 둘째는 자금을 연결하는 방법이 다양해졌어요. 기존에는 대형 금융 기관이 개인 자금을 싸게 조달해서 대출했죠. 왜냐하면 금융 기관만이 라이센스가 있으니까요. 하지만 지금은 누구나 온라인에서 쉽게 클릭 몇 번으로 연결하기 때문에

내 인생을 리셋하고 새로움을 시도하려고 궁리하던 시점이에요. 그때 좋은 회사 다니며 연봉도 많이 받던 친한 친구가 18% 금리를 쓰더라고요. 그 친구를 목격한 후 마침 그 주에 다른 친구와 미국에는 이런 모델이 있는데 한국은 왜 없을까 하는 이야기를 나눴어요. 불현듯 '아! 이 친구의 문제를 저 친구가 해결할 수 있겠네'라고 생각했습니다. 그래서 빠져들기 시작했죠.

연결 방법이 다양해졌습니다. 이게 본질이에요.

혁신을 이야기할 때 대부분 특정 기술이 사회문제를 해결하거나 변화시키는 것을 가리킵니다. P2P 금융의 혁신에 대한 대표님 생각은 무엇인가요?

금리 단층 현상이 너무 심각해요. 아직도 우리가 해결하지 못한 부분이 많아서 오히려 할 일이 많다고 생각합니다. 대한민국에서 중금리 하겠다고 나선 기업은 우리가 처음이에요. 8퍼센트 이전에는 중금리라는 표현 자체를 언론에서 쓰지 않았어요. 오직 고금리와 저금리만 있었죠. 금리 단층 현상을 해소하고 고금리를 중금리로 갈아타는 변화가 혁신 그 자체로 여겨집니다.

연결의 혁신. 금융 이용자의 저변 확대. 이를 위한 출발점이 기술. 결국 본질과 혁신은 연결되네요. 그렇다면 8퍼센트를 경영하면서 가장 인상적 사례가 있다면 무엇일까요?

30대 초반의 남성 IT 개발자가 있었습니다. 그분은 대학생 때 창업했죠. 그때만 해도 창업 지원이 활발하지 않았어요. 그래서 저축은행에서 대출을 받아 창업했습니다. 사실 모든 창업의 10분의 9는 망한다고 하잖아요. 대학생은 더 심하고요. 그분은 경험을 쌓았지만 빚도 쌓였어요. 아르바이트 열심히 해서 연체 한 번 없이 이자를 상환했지만 졸업할 때 저축은행 대출 원금 3,000만

원이 고스란히 남아 있더랍니다. 당시 이자 상한선 평균 금리가 30%였습니다. 이자를 열심히 갚아도 원금이 줄어들지 않아요. 게다가 대기업 계열 IT 회사에 취업하고 나서 은행에 갔더니 저축은행 대출이 있다고 거절당했어요. 8퍼센트로 오셔서 1천만 원씩 차례로 갚았고 대출을 갈아타셨어요. 지금은 다 갚고 오히려 투자 고객으로 활동하십니다. 이런 분이 8퍼센트의 의미를 잘 보여주는 사례죠.

경험이 축적되는 사회를 향해

8퍼센트는 창업 당시 어떠한 도움을 받았나요?

2014년 11월에 1호 서비스를 출시하고 두 달 만에 금융감독원(금감원)으로부터 사이트를 차단당했어요. 규제 이슈입니다. 금감원이 잘못한 것은 아니지만 우리나라 법률상 대부업 등록을 해야 대출을 할 수 있어요. 대부업 미등록 베타 테스트 기간에 7번 정도 거래가 이뤄지고 누적 금액 5천만 원 정도 연결됐습니다. 그랬더니 미등록 대부 업체로 사이트가 차단됐죠. 이때 많은 스타트업 지원 기관과 언론이 도와줬습니다. 핀테크 육성하자면서 이런 규제를 왜 하느냐 말이죠. 금감원에서도 규정대로 했지만 전체적으로 핀테크를 위해 방법을 찾아야 한다고 여겨서 같이 회의하고 그랬죠. 한 달 만에 사이트를 다시 오픈했어요. 그때 도움을 받으며 사업에 대해 확신했습니다.

어떤 기준이 바뀌거나 새로 생긴 건가요?

지금 하는 모든 P2P 모델이 그때 회의를 통해 세팅되었어요. 있는 규정 내에서 할 방법을 금감원이 알려줬습니다.

대표님은 30대에 창업했는데 적정한 연령이 있다고 보시나요? 솔직히 국가는 어린 나이에 창업하라면서 양적 육성을 강조합니다. 하지만 전문가 견해에 따르면 본인의 생각을 자유롭게 표현하고 다양한 시도를 용인하는 외국의 교육 시스템 하에서는 가능하지만, 한국 교육 시스템을 고려하면 대학생에게 무작정 창업을 강요할 수 없지요. 질적 성장을 담보할 수 없는 상황에서 무분별하게 창업을 밀어붙이는 게 아닌지 우려스러워요. 대표님은 직장 생활을 하다가 30대에 창업에 뛰어들었고, 이 과정에서 많은 스타트업을 목격하셨습니다. 대표님은 그래도 젊었을 때 스타트업을 시작해야 한다고 보시나요, 아니면 충분히 준비하고 시도해야 한다고 생각하시나요?

적정 나이라고 단정짓고 싶지 않습니다. 나이보다는 얼마나 준비되었고 또 의지가 있느냐가 중요하죠. 다만 할 거면 경험치를 빨리 쌓는 게 훨씬 도움이 됩니다. 직장 생활을 하고 30대에 창업하든, 졸업하자마자 20대에 창업하든 결국 본인의 선택과 의지입니다. 하지만 창업하려면 알아야 할 게 참 많아요. 직장 생활은 그 과정에 대한 지식이 늘 뿐입니다. 오히려 창업하고 경영하면서 경험해야 할 것들은 무조건 일찍 쌓는 게 도움 되죠. 일찍 하는 게 조금 더 좋습니다.

외국은 시간상으로 경험을 축적해야 가능한 변화가 종종 일어나죠. 이것은 사회제도의 뒷받침이 있어 가능하다고 생각합니다. 대표님은 스타트업이 실패했을 때 국가가 제도적으로 무엇을 뒷받침해야 한다고 보십니까?

똑같이 실패해도 40대보다 20대가 좀 더 남는 게 많죠. 사실 필요한 것은 제도보다 문화입니다. 이것을 어떻게 바꿔야 할지 제도를 제안하기 어렵지만 문화적으로 대안이 필요하다고는 생각해요. 저만 해도 실패하면 인생의 다음은 없을 것 같다는 걱정이 많거든요. 한국은 이런 생각을 너무 많이 하게 만드는 사회입니다. 이래서 어찌 용기를 내겠어요?

사회적 시각을 바꿔야 한다는 지적에 전적으로 공감합니다. 다만 사회 안전망에 대해서 전문가들도 구체적으로 무엇을 제시하지 못하고 있어서 안타깝죠. 아마 이런 부분에 도움이 됐으면 좋겠다는 생각은 현장에서 뛰는 사람만이 제시할 수 있겠죠. 가령 스타트업 결과물을 구매하던지 마케팅할 때 도와

주는 게 훨씬 도움이 될 수 있죠. 열심히 개발해서 만들었는데 판매 루트가 없어서 망하는 스타트업이 많으니까요.

좋은 생각입니다. 공공 기관에 납품하면 사용자 피드백을 받을 기회가 생기니 환영합니다. 하지만 그냥 지원금을 뿌리는 방식에 대해서는 긍정적으로 평가할 수 없네요. 학창 시절에 이공계 장학금이 있었어요. 제 후배들부터 이공계 장학금을 받기 시작했는데, 꽤 많은 돈이라 재수할 걸 그랬나 생각하기도 했죠.

사실 학비가 비싸서 이공계 기피하는 게 아니거든요. 학교만 공짜로 다니게 하고 졸업 이후 문제는 해결해주지 못하는 게 우리 사회입니다. 창업 지원도 비슷해요. 성공 확률이 낮으면 다시 취업할 수 있어야 합니다. 이러한 상황에서 창업 지원금만 단기적으로 제공하는 방식은 맞지 않아요. 스타트업 창업 경험이 우리 사회에서 경력으로 인정되기를 바랍니다. 그러면 많이 불안해하지 않을 테고 스타트업 실패했다고 인생이 끝났다고 생각하지 않을 것입니다.

스타트업 경험이 있으면 우선해서 채용하는 방식도 있겠네요.

쿠팡에서 시도한다는 이야기를 들은 적 있습니다. 쿠팡 내부에 PO(Product Owner)라는 개념이 있는데, 일종의 미니 CEO입니다. 어떤 목표에 대해 오너십을 갖고 책임을 집니다. 스스로 전

성공 확률이 낮으면 다시 취업할 수 있어야 합니다. 이러한 상황에서 창업 지원금만 단기적으로 제공하는 방식은 맞지 않아요. 스타트업 창업 경험이 우리 사회에서 경력으로 인정되기를 바랍니다.

략을 수립하고 실행하죠. 따라서 창업 경험이 있는 분을 많이 우대해 채용한다고 들었습니다.

8퍼센트도 그럴 생각이 있나요?

전략적으로 맞아야 한다고 생각하지만 좋은 벤치마킹 사례로 보고 있습니다. 충분히 가능하다고 봐요.

모든 게 기술이다

8퍼센트만 가진 차별화된 기술은 무엇입니까?

많이 듣는 질문입니다. 아마 다른 기업도 마찬가지일 텐데요. 쿠팡은 스스로 커머스 기업이 아니라 기술기업이라고 부릅니다. 무슨 기술이 있어서 그럴까요? 모든 것이 다 기술이라고 봅니다. 이용자 편의를 높이면서 가장 효율적으로 운영할 수 있는 노하우 자체가 기술입니다. 클릭 한 번 덜 해서 심사하는 것도 기술이지요. 엄청 대단한 비장의 무기는 아닙니다. 하지만 모든 게 기술이에요. 신용평가 기술도 결국 개인화 알고리즘인데, 이게 세상에 없는 우리만의 기술이 아닙니다. 있는 것을 가지고 우리가 이용자에게 계속 접목하지요.

4차 산업혁명의 핵심 기술이라 할 수 있는 AI, 블록체인, 빅데이터, 클라우드 등을 8퍼센트와 어떻게 접목할 생각인가요?

당연히 빅데이터입니다. 이게 우리의 핵심이라 생각해요. 빅데이터는 몇 테라바이트는 돼야 하지만 아직 그 정도는 아닙니다. 하지만 쌓이면 더욱 적극적으로 시도할 예정입니다.

신용을 평가하기 위해 다양한 요인을 고려합니다. 그중에서 8퍼센트는 SNS를 활용하죠. 사실 SNS는 우려할 만한 부분이 적지 않죠. 타인의 주관적 평가니까요. SNS를 신용평가에 어느 정도 반영하시나요?

지금은 비중이 낮습니다. 당연히 검증되지 않은 모형입니다. 실제 적용은 충분한 검증이 이뤄져야 합니다. 8퍼센트는 신용평가사 정보를 가장 많이 활용하고 SNS와 커뮤니티 정보는 부가적으로 활용합니다.

나중에 비중을 늘릴 예정인가요?

그럴 생각입니다.

얼마 전 에어비앤비 본사를 방문할 기회가 있었습니다. 에어비앤비는 SNS 평가를 굉장히 중요하게 여깁니다. 에어비앤비를 이용하면 이용한 사람의 후기뿐 아니라 집을 빌려준 사람의 후기도 남기죠. A라는 사람을 받았는데 정

말 좋다는 식입니다. 평가가 양방향으로 쌓입니다. 8퍼센트는 어떤가요? 누가 어떻게 투자했는지 정확히 알 수 있나요?

정확하게 알죠. 몇 호, 몇 호로. 얼마 투자했는지 리스트업과 선택이 가능합니다. 하지만 개인정보 문제로 신원을 노출하지 않습니다. 게다가 한 사람이 1천만 원을 빌릴 때 수백 명이 투자하는데, 그들을 모두 안다면 너무 복잡해지지 않을까요?

A라는 사람이 대출을 받았는데 이 사람이 잘 갚았다고 가정하죠. A가 다시 돈을 빌릴 때 투자자로서 그 사람의 신용을 확인할 수 있습니다. 이렇게 신뢰가 쌓이는 데이터가 마련되는지 궁금하네요.

그것은 우리가 쌓아요. 대출자가 재방문할 때 우대해줍니다. 일부 이용자야 알고 싶겠지만 대다수 이용자에게는 과도한 정보입니다.

미국의 사례를 보면, A라는 사람이 B에게 직접 투자했을 때 은행 대출에 비해 갚으려는 노력이 많다라는 분석이 있습니다. 사람끼리 연결되니 의무감과 책임감이 훨씬 커지게 되죠. 8퍼센트가 대출하는 시스템이 아니니 실질적 리스크는 투자자들이 가지네요.

그렇죠.

신뢰가 쌓이고 중금리로 사회적 양극화를 해소하는 데 기여하면서 일종의 선순환이 일어날 수 있습니다. 여기서 저는 8퍼센트가 사회적 가치에 대해 고민을 많이 하는 것으로 여겨집니다. 대표님이 중요하게 여기는 사회적 가치는 무엇인가요?

궁극적으로 우리가 부의 양극화를 해소한다고 생각합니다. 양극화는 우리 사회의 가장 큰 문제잖아요.

공감합니다. 연결을 통한 양극화 해소. 사실 대부분 스타트업이 기술에만 초점을 맞추지만, 이로 인해 발생하는 사회적 문제와 해결에 대해서는 심각하게 여기지 않는 것 같아서 안타까웠습니다. 화제를 바꿔보죠. 8퍼센트는 기숙사를 운영하고 '말랑말랑 세미나'도 개최하는데, 계기가 뭡니까?

계기라기보다 그런 생각이 들었습니다. 기숙사는 우리 구성원이 기업에 집중할 수 있도록 가장 큰 고민거리를 덜어주자는 취지였어요. 모든 것을 전부 해결할 여력은 없지만 첫 번째 고민인 주거 문제를 해소하자는 거지요.

'말랑말랑 세미나'는 말 그대로 가볍게 시작하려고 이름을 붙였어요. 하다가 안 되면 접으려고요. 너무 각 잡고 하면 모시는 분들도 부담되고 참여자들도 의무감이 생기니 재미없어지잖아요. 공부는 무조건 자발적으로 해야 한다고 생각합니다. 누가 시켜서 하는 공부는 1시간에 10분 정도의 효과밖에 없어요. 하지

Finβ

만 자발적으로 하면 1시간에 10시간 효과가 납니다. '말랑말랑 세미나'는 우리가 공통으로 듣고 싶은 세미나가 있고 개개인이 찾아갈 수도 있지만, 이를 기업 차원에서 연결하는 시도입니다. 너무 부담 갖지 말고 가볍게 해서 진짜 궁금한 부분을 해결하고, 진짜 하고 싶은 이야기를 나눕니다. 보통 19시 이후에 해요. 알고리즘, 규제 개선, 브랜드 마케팅, 미술 강의 등 다양한 주제를 다룹니다. 구성원 전부가 참여하는 경우는 없고 절반 또는 1/3 정도 참석해요.

선택의 대가

핀테크의 중요성이 두드러지지만 한국은 아직 부족하다는 느낌입니다. 대표님이 보시기에 주목해야 할 해외 핀테크 트렌드가 있을까요? 특히 핀테크 분야는 중국이 세계적으로 앞서가고 있는데 우리와 가장 큰 차이점은 무엇인가요?

중국은 국가 주도 시장주의입니다. 중국 선전을 다녀왔어요. 그때 중국 VC에 물었습니다. 중국에서 P2P 사고가 크게 터졌는데 어떻게 생각하냐고. 중국은 무조건 다 열어줍니다. 오랫동안 열어주기 때문에 사고가 터져도 메이저 업체들은 충분히 성장할 힘을 만들죠. 자력으로 성장하는 단계가 되면 그때서야 규제가 생깁니다. 간단히 말하자면 모두가 피라미일 때는 규제하지 않아요. 그러니 중국의 모자본은 규제 걱정을 크게 하지 않았습니다.

신산업을 육성하는 중국의 방식이 우리에게도 필요하다고 보십니까?

당연합니다. 지금도 국정 의제가 혁신 성장과 소득주도성장이잖아요. 혁신 성장은 바람직한 주제라고 봅니다.

결국 기득권과 충돌하는 일이 생길 텐데요. 그런데도 국가가 주도해 신산업을 성장시킬 바탕을 마련해야 하나요?

관여를 많이 하라는 말이 아닙니다. 적어도 성장할 수 있는 환경을 조성해 달라는 의미입니다. 기득권과의 갈등은 모든 산업에서 일어납니다. 혁신 성장은 기득권보다 변화를 택한 거예요. 적절하게 어드밴티지를 주면서 환경을 조성해야 합니다.

핀테크 관련해 국회에서 발의한 내용을 소개해주세요.

핀테크라기보다 P2P를 다루죠. 제정법은 3개이고, 개정법이 2개입니다. 제정법은 우리 업을 새로 만드는 것이고, 개정법은 대부업법과 자본시장법에 관한 내용입니다.

아직 통과는 안 됐지만 해당 법률안이 시장 목소리를 잘 반영했다고 보나요?

지속적인 논의가 필요하다고 봅니다.

규제하지 말고 중국처럼 아예 푸는 게 맞을까요? 아직 법의 잣대를 들이대지 말고….

사실 그것도 하나의 방법입니다. 하지만 2년 전에 이미 가이드라인이 나왔기 때문에 애매한 상황이죠. 이럴 바엔 법으로 투자자의 안전망을 높이는 게 낫습니다. 중국처럼 되돌리기는 쉽지 않아 보입니다.

대표님이 새로운 협회 설립에 대해 말했습니다. 여기서 중점적으로 다룰 부분은 무엇인가요?

자율 규제를 강화하려고 따로 만들었습니다. 시장에서 사건·사고가 일어나니 이용자 보호 기준을 높이기 위해 업체 스스로 규범을 정하려고 합니다.

대표님은 P2P 금융이 발전한 이유는 P2P 금융 이용자가 디지털 세대이기 때문이라고 말한 적이 있습니다. 저는 디지털에 연결이라는 아날로그 요소를 더하고 싶습니다. 디지털에만 초점을 맞추면 지속 가능한 성장이 쉽지 않을 것 같네요. 디지털 세대가 아날로그 방식과 결합했을 때 훨씬 큰 효과를 발휘한다고 봅니다.

동의합니다. 방법은 점점 편해져야 합니다. 여기서 방법이 디지털입니다. 반면 아날로그는 개념이죠. 개념은 쉬워야 합니다. 대출받은 사람은 많죠. 하지만 투자한다고 하면 어려워합니다. 이것은 하나하나 설명할 개념이 아니라고 봤어요. 그래서 개념을 쉽게 이해하도록 방법을 채택한 것입니다.

창업하려는 사람들에게 한 말씀 해주시죠.

실은 저도 창업 꼬마라 드릴 말이 많지 않아요. 스타트업을 하다 보면 늘 어려운 일이 예상치 않게 발생합니다. 그래서 낙관론자가 되면 위험해요. 1년 뒤, 2년 뒤 이렇게 될 것 같지만, 그리 되는 경우는 1/10에 불과해요. 좌절하지 않으려면 지나친 낙관론보다 긍정적이되 현실적으로 접근해야 길게 갈 수 있습니다.

마지막으로 핀테크의 미래 방향에 대해 알려주세요.

제가 무슨 자격으로 핀테크 산업의 방향을 제시할 수 있겠어요. 그런데도 말하고 싶은 것은 휴머니즘입니다. 핀테크는 가장 인간적으로 돈이 필요한 이용자에게 가치를 제공해야 의미가 있습니다. 이용자의 재정적 삶이 나아져야 하죠. 핀테크 기술은 방법론적 문제이고, 결국 돈과 관련된 개인의 삶이 나아져야 한다고 생각합니다.

INSIGHT BOX

모든 선택은 대가를 치른다. 변화하고 나아지기를 선택했다면, 이에 따른 부작용은 불가피한 부분이다. 선택의 대가를 최소화하는 게 중요하지만 이것을 제로로 만들겠다는 사고로는 혁신을 완성할 수 없다. 스타트업도 마찬가지다. 스타트업을 경영하는 개인뿐만 아니라, 스타트업으로 경제 구조를 바꾸려는 국가 역시 눈앞에 보이는 위험 때문에 눈에 보이지 않는 더 큰 이익을 놓치는 우를 범해서는 안 된다. 갈등을 절대악으로 보지 말고 진화 과정의 불가피한 비용으로 생각해야 한다.

서울대학교 경영학과에서 학부와 대학원을 졸업한 이복기 CEO는 글로벌 컨설팅 업체 액센츄어(Accenture)를 거쳐 원티드(wanted)를 설립했다. 원티드는 지인 추천에 기반한 채용 서비스를 제공하는 스타트업이며, 추천한 지인이 채용되면 추천인과 합격자 모두에게 보상을 해주는 구조로 현재 아시아 5개국 3,000여 개 기업과 50만 이용자를 확보했다. 2017년 100억 원 투자를 유치한 원티드는 고용 정보 서비스 기업 크레딧잡(KREDIT JOB)을 인수해 빅데이터를 활용한 연계 서비스로 비즈니스 영역을 확대하고 있다.

START-UP NATION

CHAPTER 7

인간 본성을 자극하는 기술

이복기 원티드 CEO

역삼역에 있는 위워크가 편하게 느껴질 때쯤이었다. 여러 번의 인터뷰를 거치며 각기 다른 스타트업 CEO의 개성 속에서 직관적으로 알 수 있는 공통점을 발견했다. 처음에 가졌던 긴장감은 인터뷰 횟수가 늘어날수록 기분 좋은 떨림으로 이어졌고, 그들이 무엇을 간절히 원하는지 알 수 있을 것 같았다.

이복기 CEO는 지금까지 만났던 CEO와 결이 달랐다. 한마디로 말하자면 진정한 CEO였다. 앞선 인터뷰 주인공들이 엄청난 기술로 무장한 스페셜리스트라면, 이복기 CEO는 세련된 제너럴리스트였다. 실제로 대다수 CEO가 카이스트와 포스텍 출신이지만 그는 서울대 경영학과를 졸업했다. 그는 문과 출신이라 기술과 디자인을 잘 모른다고 겸손하게 말했지만 인터뷰한 스타트업 CEO 중에 가장 자신감 넘치는 인물이었다.

이복기 CEO는 컨설턴트 이력을 지니고 있다. 경영학을 전공해 컨설턴트가 되는 일은 흔하지만 컨설턴트가 스타트업을 창업하는 일은 색다른 일이다. 마치 능력 있는 코치가 어느 순간 선수로 뛰겠다는 선언과 진배없다. 돌이켜 생각해보면 그의 이력이 원티드를 이해하는 데 중요했다. 다른 CEO는 자신이 보유한 기술 그리고 기술이 가져올 변화에 모험을 걸었다. 하지만 이복기 CEO는 달랐다. 그는 기술이 아니라 인간의 본성에 주목해 스타트업을 시작했다.

그가 창업한 원티드는 지인 추천 서비스 기업이다. 원티드는 복잡한 기술만을 추구하는 스타트업이 아니다. 그렇다면 원티드의 핵심은 무엇일까? 바로 인간의 욕망이다. 기술은 욕망을 수익으로 연결하는 도구일 뿐이다. 다른 스타트업이 기술을 이해하려고 노력할 때 원티드는 인간을 이해하려고 시도했다. 원티드는 로테크(low-tech)가 아니라 하이휴머니티(high-humanity) 스타트업이었다.

이복기 CEO는 인간 내면에 자리한 본성을 끄집어내 경영 전략으로 삼는 동시에 이를 실천할 매뉴얼을 구축했다. 그는 '원티드웨이(Wanted-Way)'라는 조직문화 프로그램을 제시한다. 스타트업 중에는 드물게 있는 업무 매뉴얼이자 경영 방침이다.

이복기 CEO의 행보는 스타트업에게 기술은 필요조건이지, 충분조건이 아니라는 사실을 여실히 보여준다. 시장이 필요로 하는 기술은 니즈를 충족하는 데 그치지 않는다. 니즈를 충족하기 위해서 기술이 효율적일지 몰라도 꼭 기술만이 가능한 것은 아니다. 진정한 혁신은 수천 년간 이어져온 인간 본성을 자극하는 일이다. 내가 원티드를 예비 유니콘으로 주목하는 진정한 이유가 여기에 있다.

지인 추천 네트워크를 활용하다

최근 크레딧잡을 인수했습니다. 스타트업이 스타트업을 인수한 이유는 무엇인가요?

원티드는 지인 추천 채용 서비스 기업입니다. 크레딧잡은 연봉과 이직률 같은 정보를 서비스합니다. 둘이 합치면 시너지 효과가 있을 것으로 판단했어요. 사업을 시작한 지 1년 정도 지났을 때 우연히 크레딧잡 대표를 소개받아 식사했습니다. 당시에 둘이 같이 서비스하면 좋겠다고 이야기했죠. 그러고 나서 2018년 여름에 그냥 같이 해보는 건 어떤지 물어봤습니다. 협업을 진행하면서 어느 정도 신뢰가 쌓였거든요. 서로가 필요한 부분을 갖고 있었기에 뜻이 잘 맞았습니다.

시너지 효과가 있나요?

통합한 지 이제 2개월 됐습니다. 앞으로 서비스나 인력이 융합되도록 노력해야죠.

원티드의 핵심은 지인 추천입니다. 어떤 기능을 하는지 설명해주세요.

원티드는 사람과 일자리를 인간적이면서 효율적으로 매칭하기 위해 고민합니다. 이를 위해 지인 추천 네트워크를 활용하고, 거기서 나오는 데이터를 기반으로 머신러닝과 AI로 좀 더 잘 추천하고 지원할 수 있도록 만들죠. 다들 지인 추천이 어떻게 작동하는지 궁금해하죠. 사실 인사 담당자가 가장 선호하는 채용 방식은 지인 추천입니다. 우리가 접촉한 인사 담당자의 90% 이상이 업계 전문가, 지인, 또는 믿을 만한 동료에게 추천받고 싶다고 말해요. 하지만 실제로는 헤드헌팅이나 잡포털에 올리는 게 대부분이죠. 왜 그런지 물어보면 추천인을 어디서 찾아야 할지 모르더라고요. 게다가 추천인에게 동기를 부여하기도 쉽지 않습니다. 원티드가 선택한 방식은 누구나 업계에서 같이 일해본 사람을 추천할 수 있게 하자는 거예요. 게다가 지원에 합격한 사람과 추천자 모두에게 보상을 제공합니다.

스타트업은 기술 기반에 아날로그가 더해져야 사람들에게 다가갈 수 있다고 봅니다. 원티드의 아날로그 감성은 지인 추천 기능으로 보이네요. 지인이라는 느낌과 누군가를 보증해서 추천하는 부분이 아날로그 감성을 자극하기에 원티드가 시장에서 빨리 자리 잡게 된 것이 아닌가 싶습니다. 게다가 보상이라는 흥미로운 장치도 마련했고요. 그렇다면 시작할 때부터 보상을 염두에 뒀나요, 아니면 중간에 기능을 새롭게 추가했나요?

처음부터 보상을 테스트했습니다. 사람들이 얼마에 움직이는지 궁금했어요. 처음에는 보상이 많을수록 많은 사람이 추천을 할 것으로 생각하고 회사마다 보상금을 다르게 책정했습니다. 그런데 보상이 많다고 좋은 사람을 추천하는 게 아니더라고요. 누군가가 본인 실명으로 추천하기 때문에 꼭 돈으로 결정되지 않았습니다. 오히려 도움이 되니 연결해주려는 시도가 많았어요. 적절한 수준에서 선의의 행동에 대한 동기를 부여해주면 움직일 수 있겠다고 생각했습니다.

재밌는 사실은 초반에 원티드는 시스템 없이 출발했어요. 그냥 페이스북에 포스팅 하나 올리고 '추천하면 보상해드립니다' 식이었죠. 그때 보상을 어떤 방식으로 받길 원하는지 물어봤습니다. 현금, 상품권, 기부 등. 설문 조사에서 기부하겠다는 응답이 25%였지만 실제 서비스를 운영해보니 원티드 역사상 기부한 사람은 단 한 명뿐입니다.

스타트업의 경로

원티드는 빠른 의사 결정이 돋보입니다. 하지만 기술기업은 아니에요. 진입 장벽이 낮아서 경쟁자가 손쉽게 시장에 뛰어들 수 있다는 한계가 있습니다.

기술 기반 스타트업이 무엇인지 정확한 정의가 필요합니다. 기술은 누구나 갖고 있어요. 작은 서비스라도 거기에 맞는 기술이 있습니다. 물론 굉장히 높은 수준의 기술도 있죠. 우리는 로우테크를 기반으로 서비스를 시작했습니다. 단순히 추천하면 돼요. 하다 보니 높은 수준의 기술을 도입할 여지가 생기더라고요. 예를 들어 어떤 사람에게 추천받으면 합격하는가, 또는 어떤 경로로 추천받아야 합격하는가. 또한 추천받은 사람이 실제로 합격을 많이 하는가 등을 알기 위해 말입니다. 우리가 30만 개의 데이터를 모으다 보니 이를 기반으로 머신러닝이 가능하고, 다음에는 전문가 수준에서 AI로 예측할 수 있었습니다. 처음부터 하이테크로 시작해 소비자의 외면을 받기보다는 소비자가 무엇을 필요로 하는지 알아내서, 그것을 잘 해결할 수 있는 기술을 찾는 게 스타트업의 경로라고 생각합니다.

흥미로운 사실은 원티드 이전에 실패 경험이 있네요. 여행 사업을 하다가 접으셨습니다.

그때는 아무것도 몰랐어요. 준비 없이 맨몸으로 뛰어들었죠. 회사에서 이 정도 일을 하면 사업도 잘하리라 생각했는데, 완전히 틀렸어요. 사업에 쓰는 근육과 직장인의 근육은 전혀 달랐습니다. 시행착오를 많이 겪었어요. 사비로 월급 주면서 마케팅했던 당시의 경험이 지금 와서 많은 도움이 됩니다.

그 경험 때문에 구성원, 즉 팀의 중요성을 강조하나요? 창업할 때 가장 중요시했던 대표님의 핵심 가치를 설명해주세요.

우리가 처음 들어간 액셀러레이터 프로그램이 스파크랩스였어요. 그곳 기준이 개인 창업은 지원하지 않습니다. 다행히 우리는 이미 팀으로 들어갔지만, 나중에 이야기를 들어보니 스타트업이 굉장히 터프하고 다방면에 걸쳐 있기 때문에 한 명이 모든 것을 해결할 수 없습니다. 100% 공감했죠. 나를 보완할 수 있는 사람이 있으면 잘 풀립니다. 예를 들어 저는 개발을 모르는 상황에서 여행 스타트업을 시작하면서 개발 용역을 줬어요. 결국 출시도 못 했습니다. 계속해서 만들 게 생기더라고요. 디자인 역시 디자이너에게 용역을 맡겼지만 계속 변경해야 할 부분이 생기고 고민도 더 해야 했죠. 나만 고민하고, 나만 책임지는 게 너무 외롭고 힘들었습니다. 하지만 디자인, 개발, 기획 이렇게 세 분류 사람이 모여 같이 고민하니 내부적으로 문제를 해결할 수 있었어요. 게다가 책임감을 느끼고 일할 수 있다는 점도 컸습니다.

그리고 다른 시각에서 볼 수 있어요. 저는 컨설팅을 하면서 비슷한 사고 프레임을 가진 사람과 전문 용어를 쓰면서 커뮤니케이션했습니다. 무슨 이야기인지 친절하게 설명할 필요가 없고, 위계와 체계가 있어서 경험상 맞다 싶으면 사람들도 공감하죠. 개발자, 디자이너와 이야기하다 보면 이게 하나도 통하지 않습니다. 최대한 쉽게 설명하고, 이게 맞는지 이용자의 피드백을 통계적으로 살펴봐야 하죠. 이러한 과정을 거치면서 같이 설득해야 합니다. 그러다 보니 이용자에 대해 다각적 시각을 가지려고 노력했습니다.

컨설턴트에서 CEO로 변신하면서, 처음에는 기술 이해도가 부족했지만 점차 높아졌을 것으로 보입니다. 컨설턴트로서 외부에서 바라볼 때와 직접 경영하면서 내부에서 바라본 스타트업의 본질적 차이는 무엇인가요?

컨설팅 기업, 대기업, 스타트업 모두 다릅니다. 예를 들자면 대기업의 경우 잘 만든 자동차를 어떻게 더 빠르고 안전하게 운전할 것인지 고민하는 역할이에요. 스타트업은 자동차가 아예 없죠. 컨설팅 기업은 자동차를 타보고 어떻게 운전할지 조언합니다.

wanted

스타트업은 자동차가 없으니 아예 할 말이 없죠. 그래서 대중교통을 더 효율적으로 이용하는 것에 대해 고민합니다. '네이버와 페이스북을 활용해 이 사업을 어떻게 증명할까?' 또는 '자동차가 아닌 자전거로 문제를 해결해볼까?' 하는 식이죠. 성공을 향해 툴 자체를 만드는 게 스타트업이라면, 그것을 어떻게 잘 이용할 것인가는 대기업과 컨설턴트의 시각입니다.

컨설턴트에서 CEO로 사고의 스위치를 바꾸는 것이 쉽지 않았을 텐데요. 대표님 표현으로 생각하는 근육이 전혀 다르니까요. 어땠나요?

그래서 망했죠. 전략만 열심히 세우고 망했어요.

그래도 대표님은 실패를 교훈 삼아 다시 성공했지만, 많은 분은 그렇게 못하죠. 실패가 용인되는 사회적 분위기가 조성돼야 합니다.

저는 실패했다고 손가락질을 받거나 눈치 보는 것은 스스로 극복해야 하는 문제라고 생각해요. 어느 사회나 그런 것은 있습니다. 하지만 제도와 창업자 모두 준비가 필요합니다. 우리나라는 창업을 하면 제도적으로 CEO가 무한 책임을 지죠. 우리도 선진국처럼 좀 더 '모험적인' 자본 투자가 필요합니다. 정부 자금으로 모태펀드를 운영하는 경우 수익률이 낮으면 안 되니 엄격하게 감시해요. 여기까지도 이해할 수 있습니다.

문제는 방향성이에요. 실패할지라도 한 번 터지면 엄청나게 많은 일자리와 경제적 가치를 창출할 수 있는 곳에 투자할 수 있도록 운영해야 해요. 무조건 잃지 않기 위해 운영하는 것은 문제가 있습니다.

반대로 모럴해저드(moral hazard)[1]를 묻고 싶습니다. VC에서 자금을 집행하는 위치에 있다면 가장 투자하고 싶은 부분은 무엇인가요? 그리고 모럴해저드 비난을 감수하면서도 실패를 용인할 투자를 할 의향이 있나요?

두 번째를 먼저 말하자면 창업자의 준비입니다. 처음부터 아무 준비 없이 100억 원을 투자받았다면 양심상 정직하게 쓰지는 몰라도 굉장히 비효율적으로 집행합니다. 모르니까요. 하지만 차근차근 단계를 밟으면서 돈을 제대로 쓰는 법을 알게 되면 투자자와 창업자가 서로 신뢰하게 됩니다.

창업자는 기본적으로 성공하고 싶고 무엇을 만들어내고 싶은 사람입니다. 이 사람이 모럴해저드를 저지를 것으로 생각하기 전에 신뢰에 대한 스크리닝(screening)이 있어야 합니다. 돈을 주고도 못 믿으면 못 믿을 사람과 어떻게 일을 하겠어요? 이러한 프로세스를 잘 갖춰놓았다는 전제로 성장하고 나아가 성공하고 싶다는 욕망을 전문적 조언으로 잘 키워야 합니다.

생태계적 사고방식이 요구된다

채용하는 입장에서 돈이 많이 들어도 좋으니 정말 일을 잘하는 사람이 왔으면 좋겠다는 생각이 간절하죠. 누군가 정말 일 잘하는 사람이라고 보증하면 CEO로서 마음의 부담을 덜게 됩니다. 신뢰가 쌓이죠. 대표님이 생각하는 원티드의 작동원리도 신뢰를 기반으로 하는군요.

현 정부는 일자리 문제를 거론하며 혁신 성장의 필요성을 역설합니다. 그리고 혁신 성장의 선봉에 스타트업이 있죠. 4차 산업혁명 시대에 스타트업의 의미는 무엇이라고 보십니까?

스타트업만의 문제라기보다 한국 산업 전반에 걸친 문제라고 봅니다. 오랫동안 중소기업을 운영한 많은 CEO가 IT를 접목하거나 해외 시장을 개척하는 등 필사의 노력을 합니다. 안타깝게도 경제 구조가 바뀌었기 때문에 이러한 노력이 결실로 이어지지 않습니다.

예전에는 선진국이 잘하는 것을 값싼 노동력으로, 더 빠르게 해결해 가치를 만들어냈습니다. 그래서 선진국 경쟁사의 서비스를 빼앗았죠. 이제는 이게 잘 안 통합니다. 페이스북을 넘어서기 위해 바디북(bodybook)을 만든다 한들 사람들이 쓰겠어요? 이미 페이스북에 친구 그리고 정보가 쌓여 있습니다. 산업의 코어는 더 싼 것을 빠르게 파는 수준이 아니라 플랫폼으로 바뀐 것이죠. 수요자와 공급자 모두 거기에 있어서 빠져나갈 수 없습니다.

한국 산업의 패러다임도 공산품을 만드는 수준에서 생태계를 만드는 수준으로 발전해야 합니다. 당연히 스타트업이 이 역할을 주도적으로 담당해야죠. 하지만 플랫폼적, 생태계적 사고방식은 스타트업뿐 아니라 모든 기업이 가져야 합니다.

스타트업은 리스크 테이킹이 핵심입니다. 그리고 국가는 스타트업을 육성하자고 외치죠. 그런데 정작 정부는 리스크 테이킹을 할 준비가 전혀 안 돼 있다는 생각입니다. 여전히 정부 정책은 제조업 위주이고 스마트 공장이 4차 산업혁명의 전부처럼 말하죠. 생태계 조성을 위해 꼭 필요한, 아니면 반드시 없어져야 하는 정부 규제가 있나요?

규제도 경영 환경의 일부라고 생각해요. 나라마다, 지역별로 규제가 다 다릅니다. 우리는 규제에 맞게 안전하고 빠르게 성장하는 방법을 고민하죠. 다만 한국은 포지티브(positvie) 규제가 많은 게 사실입니다. 이것저것을 해야만 사업을 할 수 있죠. 하지만 외국은 혁신을 위해 안 되는 몇 가지를 규정하고 나머지는 풀었습니다. 네거티브(negative) 방식이죠. 뭔가 창조적 아이디어를 만들려면 푸는 게 중요하다고 봅니다.

START-UP NATION

규제도 경영 환경의 일부라고 생각해요. 나라마다, 지역별로 규제가 다 다릅니다. 우리는 규제에 맞게 안전하고 빠르게 성장하는 방법을 고민하죠.

특별한 정책이 아니라 기본 사고방식을 바꾸는 게 필요하다는 의미인가요?

규제를 없애면 다 될 것 같지만 그렇지 않습니다. 물론 원티드도 규제 때문에 어려움을 겪기도 합니다. 예를 들어 인력 관리는 국가표준산업분류체계에서 인력알선고용업으로 등록해야 합니다. 정확히 기억나지 않지만, 20m² 이상 사무실을 갖추고, 상담 공간이 있어야 해요. 원티드 창업 당시 공무원이 심사하러 온다고 해서 소파, PC, 세계지도 같은 거 빌리고 그랬어요.

인력소장이 앉아 있고, 옆에 누구는 다방 커피 타고, 누구는 일자리 알아봐 달라 부탁하는 전형적 장면이 떠오르네요. 그러한 규정은 오래전에 만들어진 부분일 텐데요.

그때 인력 상담하는 직원의 원적을 달라고 한 적이 있습니다. 본적도 아니고 원적을 말이죠. 인신매매를 방지하기 위한 규제였어요. 그 당시에는 필요한 법이었겠죠. 하지만 세월이 지나면서 경영 환경이 바뀌고 이에 따라 구성원들이 바뀌면서 업의 행태도 달라졌는데, 법은 그렇지 못합니다. 스스로 변신하지 못해요. 이런 것은 이렇게 하라고 규정하지 말고, 이것은 절대 하지 말라라는 네거티브 식으로 규제하는 게 보편타당한 방식이지 않을까 싶습니다.

네거티브 방식으로 바꾸는 것에 관해 공무원에게 실질적 사례를 가지고 이야기를 해야 합니다. 공무원은 '규제 방식을 바꾼다면 무엇부터 해야 하지?'에 대한 답을 아직 못 찾은 것 같아요. 현 정부의 노력을 폄하하고 싶지 않지만 4차 산업 위원회를 발족해놓고 아무것도 없어요. 대중이 판단하기에 결과물을 말하는 게 아니라 시작점이 없다는 말입니다. 그러다 보니 현장의 요구가 공공 영역에 전달되는지 의구심이 듭니다.

정부에서 노력하지만 무엇을 풀어줄까에 매몰되면 힘들 것 같습니다. 수많은 이해관계자가 있고, 이에 따른 공무원과 법 집행기관이 많기 때문이죠. 그냥 방향성을 명확하게 제시해야 합니다. 지금 상황에서 하나하나 법으로 해 달라고 하면 너무 오래 걸리지 않을까 걱정도 되고요.

원티드도 기존 헤드헌터와 충돌한 부분이 많았을 텐데요.

원티드 초기에 헤드헌터들이 엄청나게 미워했습니다. 게시판에 난리가 났죠. '우리가 입소문을 타는가 보네' 라고 생각은 했지만, 그들이 민원을 넣기 시작하면서 구청에서 관리 감독이 들어왔어요. 서비스 내용이 어떻게 되는지 말이에요. 그래서 아예 노동청에서 유권해석을 받아 전달해줬습니다. 그렇게 하나씩 풀고 있어요.

헤드헌터와 상생 협력을 위해 플랫폼을 공유하기도 했습니다.

헤드헌터가 우리 플랫폼에 사람을 추천할 수 있고, 2천여 개의 영업 자료를 제공하기도 했어요. 하지만 결국 잘 안됐습니다. 헤드헌터가 원티드와 적극적으로 협력했으면 좋았을 텐데, 그들은 우리를 보조적 성격으로 간주하더라고요. 우리에게 좋은 사람을 추천하지 않아요. 그래서 지인 추천보다 헤드헌터 추천인의 합격률이 떨어집니다.

스타트업 핵심은 플랫폼입니다. 플랫폼 기업만이 유니콘으로 성장할 수 있어요. 원티드는 지인 추천이 전략 자산인데, 1,000여 개 기업을 선점한다고 봐야 할까요?

지금은 3,000개입니다. 디지털 경제는 수확체감의 법칙이 통하지 않기 때문에 이전 경제와 다르죠. 많이 모일수록 비용은 감소하고 데이터는 쌓이죠. 데이터 분석하면 돈이 되고 사람들은 떠나지 못합니다. 지금 현실에서 이 패러다임은 당분간 지속할 것으로 보여요. 이용자나 기업이 플랫폼을 벗어나려면 10배 이상의 이익이 있어야 가능합니다. 그 정도가 되지 않으면 자신이 쌓아놓은 히스토리가 플랫폼에 있어서 쉽지 않아요.

나에게 중요한 아이템을 선택하다

스타트업은 혁신성을 어떻게 유지하느냐가 관건이죠. 원티드 구성원의 혁신성을 높이기 위한 노력은 무엇인가요?

혁신이라는 게 어렵습니다. 눈에 보이질 않아요. 혁신은 2명 이상에서 발생합니다. 혼자 머리를 굴려서 나오는 것은 발명이거나 발견이지요. 혁신은 1+1=2가 아니라 그 이상을 만들어내는 것입니다.

해외 직원까지 포함하면 원티드 직원은 70명입니다. 글로벌 기업에 비하면 매우 적은 수치죠. 어떻게 그들보다 더 혁신할 수 있을까요? 어떤 아이디어든지 테이블 위로 부담감 없이 올라와야 합니다. 한 사람의 상상이 아닌 여러 사람이 공유하면서 발전해야 합니다. 그게 실제로 통하는지는 책상 안이 아니라 사람들이 이용하는 서비스가 돼야 압니다. 이게 혁신의 과정이라고 봅니다.

원티드 구성원은 책상에 있는 자신의 아이디어를 회의에 잘 내놓나요? 서로 잘 네트워킹되고 있습니까? 아니면 이러한 부분을 끌어내기 위해 특별한 프로그램을 운영하나요?

아직 과정에 있습니다. 구성원이 4명에서 70명으로 늘어나면서 조직이 5~6번 바뀌었어요. 우리는 '원티드웨이'라는 5가지 명

어떤 아이디어든지 테이블 위로 부담감 없이 올라와야 합니다. 한 사람의 상상이 아닌 여러 사람이 공유하면서 발전해야 합니다. 그게 실제로 통하는지는 책상 안이 아니라 사람들이 이용하는 서비스가 돼야 압니다. 이게 혁신의 과정이라고 봅니다.

제를 지키려고 노력합니다. 이것을 문화로 생각하죠.

첫째는 주도적으로 일하자. 사람과 일자리를 효율적이면서 인간적으로 연결한다는 목표가 생기면 거기에 맞는 자신의 미션을 스스로 생각해야 합니다. 둘째는 일의 시작과 끝을 공유하자. 공유해야 일이 끝납니다. 혼자 상상하는 것은 일을 잘하는 게 아니에요. 나 홀로 똑똑이는 필요 없습니다. 셋째는 일단 실행하고 다음에 개선하라. 이래서 안 되고, 저래서 고려해야 하면 아무것도 못 해요. 일단 해보고 이용자가 진짜 반응하는지 살펴보죠. 넷째는 모든 것을 계량화해서 측정하고 개선하자. 이번에 잘된 것 같다고 하면 다음이 안 됩니다. '이번 응답률과 전환율은 얼마', '이전 프로젝트 대비 높은 수치'라는 식으로 해야 합니다. 이래야 이용자가 왜 좋아하고 싫어하는지 분석할 수 있어요. 마지막으로 긍정적 동료가 되자. 혁신은 전에 안 해봤던 일을 하는 거예요. 아무도 모르죠. 서로 싸우고, 지치고, 비난하기 쉽습니다. 너 해봤어? 하면 아무도 안 해봤으니까요.

혁신은 결국 기존 문제를 다른 방식으로 푸는 거네요. 그 말은 '창의'이기도 하죠. 뇌에서 우뇌와 전혀 다른 좌뇌가 반응할 때 창의가 생긴다고 합니다. 다시 말하자면 전혀 다른 관점에서 이야기하면 문제 해결을 위한 새로운 아이디어가 나오죠. 디자인, 개발, 전략 등 다 연결된 거예요. 이게 바로 원티드

혁신이 성공한 원인이라고 생각합니다.

어찌 보면 실행은 별거 아닐 수 있어요. 대기업은 1천억 매출이 안 나오면 안 해요. 아주 작은 혁신이 설 수 있는 공간이 부족한 셈이죠. 하지만 우리는 1원도 아쉬운 작은 기업입니다. 그러다 보니 1원짜리 시도를 다 해봅니다. 처음에는 일자리가 없으니 제 소개팅 관련 내용을 네이버와 페이스북 여기저기에 올렸어요. 소개팅 시켜주는 사람에게 10만 원 사례하는 식이죠. 두려워하지 않고 이런 식으로 그냥 올리기 시작했습니다.

사람들이 로스쿨보다 사법고시를 선호하는 이유는 선발 과정의 신뢰성 때문입니다. 시험은 누구나 수긍할 수 있는 공정한 절차라는 사회적 합의가 있죠. 하지만 추천은 꽂아준다는 부정적 뉘앙스가 강합니다. 이러한 점에서 공무원 또는 공공 부문 인재 채용에 원티드 사업이 가능할까요?

공공 부문은 잘 모르겠어요. 그쪽은 일을 잘하냐 여부가 아니라 투명성과 공정성을 워낙 중요한 가치로 여기기 때문이죠. 실제로 추천 대상을 통계로 보면 과반수가 같이 근무한 동료, 두 번째가 동문, 세 번째가 파트너입니다. 윗사람이 누구를 추천하는 상황이 아니에요. 그래서 공공 부문에 적용되면 어떻게 작동할지 예측하기 어렵네요.

지금은 경력직 위주입니다. 신입 고용에서도 원티드가 할 수 있는 부분이 있을까요?

기업에서 신입 채용도 문의합니다. 신입이 오해하는 게 경력이 없는데 누구에게 추천을 받느냐입니다. 제가 대학원 다닐 때 느낀 부분인데 교수님은 언제든지 학생을 도와줄 준비가 되어 있습니다. 찾아가면 엄청나게 좋아하세요. 추천서도 얼마든지 써주시고요. 게다가 동문 선배, 동아리 친구, 학회 동료, 심지어 과제를 같이한 경우도 추천할 수 있죠. 정말 뛰어나거나, 또는 업계 유명인사가 추천해야 합격하는 게 아니라 이 사람으로부터 인사 담당자가 알 수 없는 정보를 알려주기만 해도 이득입니다.

해외는 어디에 진출했나요?

2017년 4월부터 일본에서 서비스를 시작했고 대만, 홍콩, 싱가포르는 2018년 5월부터 제공합니다. 일본은 200개 기업이 들어왔습니다. 현재 일본은 한국과 매우 달라요. 구직자보다 기업의 니즈가 큽니다. 실업률 3%로 완전 고용에 가깝습니다. 한국에서 대학생 1명이 졸업하면 일자리는 0.7개에 불과하지만 일본은 1.7개에 이릅니다. 졸업생은 평균 2개의 옵션을 가지고 기업을 선택하죠. 그러다 보니 기업이 어떻게든 숨은 인재를 추천받으려 합니다. 우리와 같이 일하는 기업은 소프트뱅크 등 대기업이에요.

한국에서도 일본 기업에 들어갈 수 있게 연결돼 있나요?

안 그래도 정부 차원에서 K-무브(K-Move)를 시행하고 있어요. 해외 좋은 일자리를 한국 청년에게 연결해주는 프로젝트입니다. 원티드도 그 정책에 기여하고자 해요. 일본어를 기본 수준으로 구사하는 한국 청년을 일본 기업에 소개합니다. 요즘에는 일본 기업의 구인난이 심해서 일본어를 못해도 기업이 3개월 가르쳐서 데려가겠다는 곳도 많아요. 일단 원티드가 지닌 기준을 통과한 일본 기업을 매칭하고 있습니다.

한국 지인이 추천한 한국 사람을 일본 사람이 신뢰할까요?

한국 지인의 추천서는 아직 일본에 제공하지 못합니다. 당연히 언어 문제 때문이죠. 물론 구글 번역 돌리면 가능하지만…. 어쨌든 한국에서 어느 정도 경력을 가졌느냐가 중요하게 여겨집니다.

네 명의 공동창업자가 100가지 아이디어를 내놓고, 그중에서 선택된 게 채용플랫폼이라고 들었습니다. 두 번째, 세 번째 아이디어도 아까울 텐데요.

초기에는 너무 아까웠죠. 하지만 우리가 선택한 기준이 충분한 효과를 발휘하는가, 우리가 잘할 수 있는가, 우리가 중요하게 생각하는가로 결정했습니다.

예를 들어 2순위가 맘픽(Mom-Pick)이었어요. 모바일 쇼핑을 분석하니, 제일 많이 이용하는 계층이 아기 엄마들이었습니다. 아기를 데리고 나갈 수 없고, 컴퓨터도 못 하는 거죠. 그러다 보니 모바일로만 쇼핑합니다. 그래서 엄마들에게 아이 성장 단계에 따른 맞춤형 제품을 파는 서비스를 생각했어요. 아이돌 관련 아이디어도 있었어요. 아이돌 팬들은 굉장히 열성적이잖아요. 이른바 조공이라 부르는 선물도 많이 하고. 그래서 선물 투자를 해보려고 했죠.

마지막으로 선택한 게 원티드였습니다. 우리는 아이돌을 좋아하지 않고 엄마도 아니었어요. 그러니 이것을 진짜 중요하게 생각하는 사람이 아니었던 거죠. 물론 돈을 벌 수 있고, 효과가 있을 거로 생각했지만 스스로 문제를 풀어서 가질 혜택이 없었습니다. 이전 사업이 망할 때 사람의 중요성을 뼈저리게 느껴서, 나 같은 사람이면 다 쓴다고 생각하는 아이템을 선택했어요.

이른 감이 있지만 컨설턴트 출신이라 다른 스타트업 CEO와 달리 구체적 출구 전략을 가졌을 것이라 보는데요.

컨설턴트라고 해서 출구 전략 갖추고 하지 않아요. 스타트업, 특히 M&A는 바이어 마켓(buyer market)입니다. 제가 팔고 싶다고 팔 수 있는 구조가 아니에요. 우리는 일단 이 서비스를 아시아 주요 도시에 출시하고 할 수 있는 범위에서 무섭게 가고 싶습니다.

INSIGHT BOX

스타트업의 본질은 기술이 아니라 사람이다. 스타트업을 기술 발전의 테스트배드로 삼아서는 절대 성공할 수 없다. 수천 년의 진화 과정에서도 변하지 않은 인간의 오리지널리티(originality)에 충실할 때 스타트업은 대성공을 거둘 수 있다. 스타트업은 시장의 니즈를 충족하면 된다고 생각한다. 니즈를 충족시키는 비즈니스도 매우 어렵지만 결국 누구나 상상하고 시도할 수 있는 레드오션 비즈니스다. 니즈 충족을 넘어서 인간 본성을 자극하는 일이야말로 불확실한 경영 환경에서 스타트업이 살아남을 수 있는 유일한 전략이다.

권순범 CEO가 연세대학교 재학 시절 길거리에 넘치는 쓰레기를 줄이기 위한 프로젝트로 시작한 이큐브랩(ECUBE Labs)은 태양광을 이용한 압축 쓰레기통과 쓰레기 수거 관리 솔루션을 핵심으로 2017년 40억 매출을 기록했고, 2018년에는 두 배 이상 증가한 90억 원 매출이 예상되는 강소기업으로 성장했다. 또한 이큐브랩은 매출의 90%가 해외에서 발생하고, 한 달에 평균 400여 건의 문의가 들어올 정도로 글로벌화에 성공한 스타트업이기도 하다.

START-UP
NATION

CHAPTER 8

철저한 현지화 전략으로 시장을 개척하다

권순범

이큐브랩 CEO

철저한 현지화 전략으로 시장을 개척하다

잘생겼다. 권순범 대표를 본 순간 든 느낌이다. 정확히 말하자면 드라마 속 세련된 실장님 같다. 인터뷰를 준비하며 접했던 이전 사진과 너무 달라 놀랄 정도였다. 내가 알던 권순범 대표는 뿔테 안경에 체크무늬 남방을 즐겨 입는 전형적 공대생의 모습이었다. 그런데 달라졌다. 안경은 사라졌고 몸매는 탄탄해졌다. 착 달라붙은 옷맵시가 마치 펀드매니저 같다. 머리는 헤어스타일 제품으로 한껏 멋을 냈다. 문득 생각했다. '그는 왜 바뀌었을까?'

권순범 CEO는 영어를 많이 활용했다. 고유명사가 아니라 일반명사조차 그는 영어로 표현했다. 발음도 썩 좋았다. 영국에서 공부했던 경험으로 알 수 있었다. 게다가 매우 자신 있게 영어를 구사하는 자세가 신기했다. 문장이 아니라 단어를 말하면서 저렇게 자신 있게 말하는 걸 보니 그가 연세대 출신이라는 이력을 몰랐다면 유학생으로 착각했을 것 같다. 참고로 인터뷰를 통해 확인한 사실이다. 그는 대학 진학 전까지 미국은커녕 서울에도

온 적이 없었다. 문득 생각했다. '그는 왜 그럴까?'

모든 현상에는 이유가 있다. 저절로 생기는 것 같지만 결코 저절로 생기는 일은 없다. 권순범 대표가 숨겨왔던 본인의 외모를 드러내고 영어를 자주 구사하는 일은 결코 우연이 아니다. 그는 그래야만 하는 이유가 있다.

박람회에서 아침부터 술을 마시며 돈독함을 유지하는 백인 남성들만의 업계 이너서클(inner circle)[1]에 들어가기 위해 권순범 대표는 영어를 잘해야 했다. 본인의 표현을 빌리자면 전문가 느낌이 나는 완벽한 영어가 필요했다. 게다가 매출의 90% 이상이 해외에서 발생한다. 미국 지사는 CEO를 제외하고 모두 미국인 또는 미국에서 태어난 교포들이다. 영어권 시장에서 모국어가 영어인 구성원과 함께 영어를 쓰는 백인과 경쟁하기 위해서 그는 영어를 체화해야 했다.

그는 프로다워야 했다. 권순범 대표가 이큐브랩을 창업한 계기는 비즈니스 때문이 아니다. 사회적 문제를 해결하기 위한 프로젝트의 일환이었다. 하지만 지저분한 대학가와 고생하는 환경미화원을 보며 시작한 일은 점점 그의 소명이 되었다. 권순범 대표가 선한 의도의 공학도에서 진정한 비즈니스맨으로 각성하면서 외모에도 변화가 생긴 것이다. 물론 그는 여전히 스타트업으로 사회에 진정한 가치를 전하고 싶어 한다. 다만 방법이 세련되

게 바뀌었고, 여기에 맞춰 그의 외모도 변한 것이다.

권순범 대표는 준비를 잘하는 경영자다. 그는 시장에 적절히 대응하며 자신을 변화시킬 줄 안다. 학생일 때, 창업했을 때 그리고 미국 시장에 진출할 때 그는 적재적소 자신만의 전략으로 유연하게 대응했다.

이 책에서 소개한 스타트업 가운데 이큐브랩이 가장 크게 성공할지는 장담할 수 없다. 하지만 이 점은 확신할 수 있다. 10년 후 권순범 대표가 이끄는 이큐브랩은 여전히 생존하며 성장을 거듭할 것이라는 걸. 권순범 대표가 꿈꾸듯 이큐브랩이 나스닥에 상장하는 그날, 아마 이 책은 수많은 경영자와 예비 창업자의 성지순례가 될 것이다. 그래서인지 인터뷰를 한 날은 변한 외모만큼 그의 미래가 기대되는 눈부신 하루였다.

창업하지 않는 청년

일반 스타트업과 조금 다르게 시작했네요. 아직 소셜 벤처가 낯설게 느껴집니다. 사회문제를 해결하기 위한 시도이지만 지속 가능한 비즈니스모델을 갖춘 형태가 소셜 벤처인가요?

일단 이큐브랩은 소셜 벤처를 지향하지 않습니다. 개인적으로 경계가 모호하다고 생각해요. 학창 시절 소셜 벤처에 관심이 컸습니다. 초기 멤버 역시 소셜 벤처를 돕는 봉사 단체에서 만난 친구들입니다. 하지만 그때 많은 것을 느꼈습니다. 뜻이 매우 좋고 강력하지만 지속 가능성이 약한 게 대부분이었어요. 문제의 크기가 100이라면 파급력은 2~3에 머무르는 게 현실이었습니다.

저는 세계에서 가장 훌륭한 소셜 벤처인으로 빌 게이츠를 꼽습니다. 돈을 잘 벌어서 그런 것이 아니라, 본인의 전문 영역이 아니지만 온갖 사회문제에 관심을 두고 이를 적극적으로 해결하죠. 비즈니스하면서 동시에 사회문제를 해결하면 좋겠지만 참 어려워요. 기업은 열심히 돈을 벌려 해도 살아남기 어려운 상황입니다. 개념적으로 맞지만 현실적으로는 더 큰 파급력을 주기 위해 해를 끼치지 않는 선에서 최대한 비즈니스적으로 접근하고, 그것을 다시 긍정적으로 환원하는 데 집중하고 있습니다.

대표님도 어느 정도 수준에 이르면 빌 게이츠처럼 사회 공헌을 고민하나요?

당연하죠. 저는 누구를 롤모델로 삼거나 존경한다고 생각하지 않아요. 다른 사람 강연 듣는 것도 별로 안 좋아합니다. 좋아하는 것, 싫어하는 것, 잘하는 것 모두 다르기 때문이죠. 하지만 빌 게이츠는 달라요. 따라 하고 싶다기보다 질투가 납니다. 인간의 끝이라고 생각해요. 대부분 경제적 가치를 생산하는 데 집중하지만, 그것을 어떻게 창의적으로 좋게 할 것인가의 고민을 빌 게이츠는 즐긴다고 봅니다.

본격적으로 이큐브랩의 창업스토리를 들려주세요.

기본적으로 우리는 창업 조직이 아니었어요. 그냥 프로젝트를 재미있게 하려고 모인 팀이죠. '비즈니스를 어떻게 하지?', '돈은 어떻게 벌지?' 고민하기보다 대학생이니까 우리에게 적합한 방향성을 세우고, 그것을 행동하면서 경영의 모든 사이클을 경험해보고 싶었어요. 보통 어떤 조직에 들어가면 주니어로 시작하기 때문에 실행을 다 해보는 것은 오래 걸리죠.

우리는 대학생이었지만 한번 해보자 하는 마음으로 시작했습니다. 사회적 기업에 관심 있어서 작은 것이라도 사회문제를 해결해보려고 했죠. 이런 이야기를 맨날 신촌에서 술 마시며 했어요. 어느 날 보니 신촌에 쓰레기가 넘쳐났어요. 쓰레기통 앞에서 아이스크림 먹으며 시민의식을 탓했는데, 생각해보니 시민의식 문제가 아니더라고요. 쓰레기통이 넘치니 그냥 버리는 거예요. 그렇다면 환경미화원의 문제인가 보니 그것도 아니고요. 하루에 12시간씩 일하는 환경미화원들 많이 계시잖아요.

그렇다면 무엇이 문제인지 우리가 해결해보자고 했죠. 대단하

기본적으로 우리는 창업 조직이 아니었어요. 그냥 프로젝트를 재미있게 하려고 모인 팀이죠. ‘비즈니스를 어떻게 하지?’, ‘돈은 어떻게 벌지?’ 고민하기보다 대학생이니까 우리에게 적합한 방향성을 세우고, 그것을 행동하면서 경영의 모든 사이클을 경험해보고 싶었어요.

지는 않지만 집에서 쓰레기가 넘치면 가만있지 않잖아요. 누군가는 발로 밟죠. 집에서처럼 꾹꾹 눌러주기만 해도 훨씬 깨끗해지리라 판단했어요. 이 정도의 사회문제로 착안했습니다. 대단하지 않으니 그냥 태양광 붙여놓고 그 전력으로 누를 수 있게만 했어요. 이것으로 돈을 벌고, 마켓은 얼마나 크며, 글로벌 마케팅은 어떻게 해야지 등의 생각은 아예 안 했죠.

2010년에 고민을 하고 2011년에 창업했습니다. 실질적으로 비즈니스라 부를 만한 단계는 2013년부터입니다. 그동안 환경미화원을 만나면서 죄송한 마음이 들었어요. 우리는 재밌자고 시작했지만 단지 쓰레기가 넘쳐나는 데 그치지 않더라고요. 이 분야에서 비효율이 너무 심해요. 좀 과장하자면 쓰레기차가 돌아다니는 것을 제외하고 100년 전이나 똑같아요.

기술이 발전하는데 혜택을 받지 못하는 영역이었습니다. 우리가 대단한 하이테크 집단은 아니었지만 보통 사람이 생각하는 기술들을 조합해서 뭔가 가치를 메울 수 있을 정도의 공간이 쓰레기 분야에 많아 보였어요. 그때 결심했죠.

보통 마지막에 던지던 질문입니다. 미국에서는 많은 경험을 쌓은 후 스타트업을 시작하는 경향이 있습니다. 실패 경험을 줄이고 시장 경쟁력을 확보하는 데 훨씬 유리하다는 판단이죠. 프로젝트라 하지만 대표님은 젊은 나이에

시작했습니다. 그것도 로우테크 시장에서 출발했죠. 본인이 부여했던 의미는 시작부터 끝까지, 기획부터 판매까지 모든 것을 젊은 나이에 경험할 수 있다는 점인데, 지금 스타트업을 창업하려는 20대에게도 본인이 걸었던 길을 똑같이 가라고 조언하겠어요?

반반입니다. 당연히 경험 많은 분이 실패 확률이 낮죠. 우리가 그런 경험이 있었다면 지금 하는 것을 3년 전에 하지 않았을까 생각해요. 특히 쓰레기 산업에서 나이가 주는 통찰력을 바탕으로 시작했다면, 이런 니즈 또는 비효율을 캐치하는 데 더 빨랐겠죠. 하지만 반대의 경우도 있습니다. 나이가 많으면 아마 못할 수도, 안 할 수도 있어요. 왜냐면 너무 알고 있어도 용기가 안 생겨요. 또는 책임져야 할 게 많으면 쉽지 않죠.

상대적으로 대학을 갓 졸업한 청년은 잃을 게 적잖아요. 막연하게 빚 걱정합니다. 사실 대학생에게 엄청난 빚을 안겨줄 프로젝트는 펀딩도 하지 않습니다. 걱정하지 말고 준비를 철저히 해서 시도하세요. 확률적으로 조금 떨어지고, 실력도 부족할 수 있지만 우리는 스타트업을 지원해주는 제도가 반칙에 가까울 정도로 잘되어 있어요. 망설일 필요가 없습니다.

한국의 스타트업 지원이 반칙에 가까울 정도로 좋다는 부분은 의외네요.

자금 제도가 가장 크죠. 모든 나라가 스타트업을 육성하는 게

국정 방향입니다. 의존도는 다르겠지만 한국도 똑같은 니즈가 있어요. 우리는 중앙정부에서 다양한 자금을 지원하고 있습니다. 반칙이라 부르는 이유는 업계에 제일 큰 영향을 미치는 모태펀드에 돈을 지원해서 VC업계를 굉장히 활성화했어요. 물론 비판의 목소리도 있지만 이게 없었다면 지금까지 오지 못했을 거예요.

표현이 이상하게 들릴지 모르지만 어쨌든 수익률이 나는 선순환 구조를 만들었습니다. 중소기업뿐 아니라 부처마다 R&D와 창업을 가리지 않고 지원합니다. 특히 창업 지원 제도로 1억 가까운 큰돈을 지원하는 부분은 다른 나라에서 경악할 정도의 좋은 제도죠. 제가 말하는 반칙이란 시작할 때 우리같이 베이스가 없는 상태에서도 지원받아 창업할 수 있다는 점입니다. 결과적으로 굉장히 감사한 일이에요.

공무원들은 항상 제도를 물어봐요. "뭘 더 도와주면 되느냐?" "규제를 어떻게 하면 좋겠느냐?" 너무 잘 도와줘서 빈틈없는 수준입니다. 오히려 시장이 얼마나 잘 따라오느냐가 관건이에요. 좋은 성공 사례가 나와야 하는데 아직은 아닙니다.

미국은 다르죠. 하버드, MIT, 스탠퍼드와 같이 정상급 대학의 졸업생이 가장 많이 하는 게 창업입니다. 자신감이 넘치고, 사회 기반 시설도 잘되어 있어서 다들 창업에 나서는 분위기예요. 게다가 명문대 학생이 창업하면 상대적으로 성공 확률이 높아요. 하지만 한국은 명문대일수록 대기업과 고시에 매달립니다. 좋은 학교 다닐수록 창업 비율이 낮아요. 시선도 좋지 않습니다. 신기해하지만 잘되기 전까지 결코 훌륭하게 보지 않아요. 이러한 묘한 느낌을 항상 받습니다. 어쨌든 정부 지원은 아주 훌륭하다고 봅니다.

과연 한국에서 창업하려는 인재들이 기본 자질을 갖추고 있는지 의심됩니다. 미국 청년은 창업에 관한 생각이 확고하고, 다양한 교육을 받으며, 자연스러운 창업 문화가 형성되어 있지만 우리나라는 아닐 때가 많죠. 전문가들은 정부가 양적으로 늘리기보다 질적 성장을 더욱 고민해야 한다고 말합니다. 대표님이 보기에 똑똑한 한국 청년들은 왜 창업하려 하지 않고 준비되어 있지 않다고 보시나요?

매우 중요한 부분입니다. 한 가지 이유가 아니에요. 제 주변에서도 전문대학원을 진학하거나, 고시에 합격하고, 대기업에 간 친구들이 대부분이에요. 모두 좋은 친구입니다. 하지만 미국 청년과 비교하면 아주 달라요. 제가 미국 직원을 뽑을 때 가장 많이 느끼는 분이 바로 능동적 사고입니다. 한국과 미국 직원 모두 명문대 출신의 똑똑한 사람들입니다. 일도 잘하고요. 하지만 한국 직원은 가야 할 길이 제한적이고 자기 의견을 표현하는 데 서툴

CUBE
Labs

러요. 주입식 교육의 폐해입니다.

창업은 누가 시켜서 하는 게 아니잖아요. 모든 것을 스스로 결정해야 합니다. 한국 청년은 이 부분에서 용기가 없어요. 취업하거나, 고시를 준비하는 등 짜인 무엇을 하면 잘해냅니다. 이러한 평가에 최적화되어 있어요. 아시겠지만 미국 수업은 어떨까요? 서로 말하려고 난리입니다. 미국은 그런 친구들이 좋은 평가를 받습니다. 미국 청년이 똑똑해서 창업한다기보다, 창업이 잘 맞는 친구가 좋은 교육과 공정한 평가를 받아 사회에 진출한다는 것이죠. 돈 받고 하는 거면 B+ 정도면 충분합니다. 하지만 창업은 아무리 똑똑해도 재수 없으면 망해요.

우리의 경우 교육뿐 아니라 마켓 자체에도 문제가 있어요. 한국에서 1조 원짜리 유니콘으로 성장한 스타트업은 드물어요. 쿠팡은 좀 다르고, 배달의민족 정도? 시장이 너무 작아요. 그래서 함부로 하면 안 돼요. 1등부터 100등까지 줄 세운다고 가정할 때 낙수효과를 기대하려면 10등 정도 해야 합니다. 적어도 30등 안에는 들어야죠.

하지만 한국 마켓은 너무 작으니까 1~3등 아니면 차라리 취업하는 게 나아요. 미국처럼 용기 낸다고 성공이 담보되지 않는 규모입니다. 그래서 창업 독려를 하려면 차라리 해외 시장을 공략하는 훈련을 해야 합니다. 어차피 한국에서 시범 사업으로 잘

나가다가 끝나는 경우를 너무 많이 봤습니다.

다른 나라와 비교하면 사실 한국은 애매합니다. 이스라엘은 정말 잘해요. 이스라엘은 국내 시장이 없으니 처음부터 글로벌을 지향합니다. 처음부터 해외 시장에서 살아남을 수 있도록 훈련이 되어 있습니다. 그래서 나스닥 상장도 많이 하죠. 일본은 규모가 크지만 고립되어 있어요. 내수가 어느 정도 뒷받침되니 글로벌로 잘 안 나와요. 그래서 한국은 일본 모델을 따라가면 안 됩니다.

철저한 현지화 전략

대표님은 31세입니다. 최근까지 학교 교육을 받았는데, 지금도 다양한 의견을 내세울 수 있는 교육 시스템은 아니라고 보세요?

여전히 아닙니다.

이 부분을 어떻게 바꿔야 할까요?

매우 어렵다고 생각해요. 교육이 1~2년 만에 효과를 내는 분야는 아니잖아요. 교육부장관이 왜 부총리인지 이해가 됩니다. 그만큼 중요하고 오랫동안 유지해야 하는 분야예요.

제조업은 잘 따라가면 정답이 있었습니다. 누군가 성취해놓은 부분을 열심히 따라가면 돼요. 지금까지 효과가 있었는데, 4차 산업혁명 시대에는 이 방식이 아니라서 큰일입니다. 우리나라는 양적으로 스타트업이 많아요. 열악한 환경 속에서도 스타트업을 시작하는 것을 보면 놀랍죠. 대표님이 생각하는 스타트업 DNA는 무엇인가요?

솔직히 저는 별로 없어요. 창업하려고 시작한 게 아니니까요. 그래도 접점을 찾자면 내 장점은 창업하고 일을 하면서 알게 됐어요. 저는 상대적으로 스트레스를 잘 안 받아요. 완벽주의가 아닌 거죠. 대기업에 있다 스타트업 하는 분들은 스트레스를 엄청나게 받아요. 대기업처럼 갖춰진 프로세스가 없으니 작은 일에도 스트레스를 받는 거죠. 스타트업이 무에서 유를 만들어내는 과정이라 이러한 스트레스는 당연하고 그냥 인정하고 넘어가야 해요. 저는 무딘 편이라 다행이라고 생각합니다.

말했듯이 창업을 하고 싶어 시작한 게 아니라 오히려 내가 하고 싶은 것을 끝까지 해보자는 일종의 자존심이 작동한 것 같습니다. 왠지 나는 잘해낼 수 있을 것 같았어요. 스타트업을 도박에 비유하자면 성공 확률이 엄청 낮아요. 하지만 내가 노력하면 바꿀 수 있다는 신념이 작용하는, 일종의 확률을 바꾸는 도박 같은 느낌이에요.

스타트업을 도박에 비유하자면 성공 확률이 엄청 낮아요. 하지만 내가 노력하면 바꿀 수 있다는 신념이 작용하는, 일종의 확률을 바꾸는 도박 같은 느낌이에요.

절대 실패하지 않는 방법은 성공할 때까지 계속하는 것이다. 흥미로운 이야기입니다. 혁신 성장과 관련해서 스타트업을 많이 언급합니다. 계속 교육을 언급하게 되네요. 스타트업은 결국 사람이 하는 것이고, 사람을 행복하게 하는 기술입니다. 한국 교육이 바뀌지 않으면 결코 퍼스트무버(first mover)[2]가 될 수 없어요.

미국 볼티모어에서 진행한 프로젝트에 대해 말씀해주시죠. 성공적으로 미국 공공 조달 시장에 입성했다는 점에서 매우 의미 있습니다. 한국 스타트업이 해외 시장 진출을 위해 필요한 부분은 무엇일까요?

이큐브랩의 프로젝트가 현지에 잘 맞았어요. 그래서 해외에 집중하려 합니다. 저는 대학 올 때까지 마산에서 자랐습니다. 해외 경험이 전혀 없죠. 우리가 쓰레기 산업 전시회에 가면 저희를 희한하게 쳐다봅니다. 쓰레기 산업은 이너서클이 굉장히 강해요. 심지어 자기들끼리 친하다고 아침부터 술을 마십니다. 전부 백인 남성이고요. 동양인이면서 어리니까 시장을 뚫기 전에 신뢰를 형성하는 것 자체가 어려웠습니다.

백인이 될 수 없고, 아저씨가 빨리 될 수도 없으니 제가 선택한 신뢰 형성의 방법은 완벽한 영어였습니다. 그것도 굉장히 전문가 느낌이 나는 영어였죠. 그래서 미국 시장 개척을 위해 국적은 한국이지만 인생의 절반 이상을 미국에서 지낸 사람들로 구성했죠. 저 빼고 전부 교포이거나 외국인이었습니다. 이게 이큐브랩의 해외팀 모토였습니다. 저를 빼고 모두 완벽한 영어를 구사해요. 이러한 방식을 통해 백인 아저씨는 아니더라도 미국 동양인 꼬마의 느낌은 들어야 섞일 수 있다고 믿었습니다. 내년에는 아예 이너서클에 있는 백인을 스카우트할 예정입니다. 우리가 들어가지 않고 아예 우리 편으로 만드는 전략입니다.

비즈니스 성격과 마켓의 특성에 따라 달라서 해외 진출의 구체적 방법을 제시하기는 어렵습니다. 다만 기본적으로 해외에서 한국은 무시해도 될 정도의 작은 나라입니다. 해외 진출을 하려면 언어부터 문화까지 완전히 현지 스타일로 바꿔야 해요. 쉽게 생각해서 전시회 나가고, 현지 아르바이트생 뽑아서 진행하고, 코트라(KOTRA)[3] 도움을 받아 적당히 하려면 아예 안 하는 게 낫습니다.

볼티모어는 쓰레기 산업을 외주로 하나요, 아니면 시에서 직접 운영하나요? 계약 당시 영어 기반의 철저한 현지 전략이 먹혔기에 가능했을 텐데요.

당연합니다. 트럼프 때문에 더 심해졌어요. 미국 법인이 있어서 입찰 시 따로 넣습니다. 미국 법인 직원은 교포지만 다 미국인입니다. 이렇게 해도 결국 한국 스타트업으로 인식됩니다. 현지 신문에서도 한국 스타트업이라고 보도하더군요. 불리한 상황이죠.

그래도 계약을 체결할 수 있었던 이유는 하드웨어가 아니라 소프트웨어를 강력하게 어필했기 때문입니다. 우리와의 계약은 시스템 자체를 선진화하는 방법이라고 설득했어요. 게다가 볼티모어 전에 워싱턴DC에서 소규모 사업을 진행했는데 그것이 유효했어요.

대표님은 언제쯤 나스닥 상장이 가능하다고 보십니까?

적어도 6~7년 후지만 할 수 있으면 언제든지 가능하다고 봅니다. 한참 남았지만 빨리하고 싶은 마음이에요. 나스닥 상장은 미국 시장에서 이큐브랩이 미국 기업이고 같은 편이라는 인식을 심어줄 수 있습니다. 알리바바가 중국 기업이지만 나스닥에 상장하는 순간 미국인과 미국 기업에 훨씬 친화적으로 어필되는 것과 같아요.

현재 이큐브랩의 기업가치는 1~2천억 원입니다. 이큐브랩이 워낙 핫하기 때문에 기존 투자자와 신규 투자자 사이의 갈등은 없나요?

기본적으로 없다고 생각해요. 기존 투자자는 훨씬 위험할 때 들어온 것이고, 신규 투자자들은 나중에 들어왔기 때문에 합의가 된 거죠. 문제는 국내와 해외 투자사 문화가 다르다는 것입니다. 요구 사항이 달라요. 한국 VC는 이사회 자리 하나를 요구하는 식의 요청은 안 해요. 하지만 미국과 중국 VC는 반드시 요구합니다.

다음으로 언어 문제가 있어요. 한국 기업은 공식 문서가 한국어로 작성됩니다. 계약서라는 것이 좋을 때는 문제없어요. 안 좋을 때 리스크를 줄이기 위해 계약서를 꼼꼼히 챙겨야 하는데 이큐브랩 입장에서 당연히 한국어를 선호하죠. 문제는 미국과 중국 VC의 경우 공식 문서가 한국어로 되어 있으니 자신들이 불리하다고 봅니다. 또는 중간에 한국 로펌을 끼고 하니 비용이 늘어난다고 생각하죠. 그래서 본사를 이전하라고 합니다. 미국이 아니어도 됩니다. 공식 문서가 영어로 된 지역, 예를 들어 홍콩, 싱가포르, 영국령 섬들로 옮기기를 요구하죠. 그러면 한국 투자자가 싫어합니다. 모태펀드에서도 가만있지 않아요. 다른 나라 기업이 되니까요. 이런 데서 오는 갈등이 있습니다.

국내에서도 영업을 전개하는데 해외와 비교해 어떤 부분이 가장 걸림돌인가요?

한국은 어려워요. 가장 큰 이유는 구조 자체가 달라요. 한국은 정부에서 모두 컨트롤하지만 해외는 사기업이 합니다. 특히 대기업이 하죠. 쓰레기 산업만 해도 아시아 국가들은 정부에서 하지만 유럽과 미국은 매출 수십 조 원대 기업이 담당해요.

좋고 나쁨을 떠나 사기업이 담당하면 효율적으로 생각하죠. 쉽게 말하면 돈을 따지니까요. 정부는 어떨까요? 정부는 돈보다 일자리를 우선합니다. 이러한 관점에서 보면 이큐브랩 파트너가 사기업이냐, 정부냐에 따라서 마켓의 매력이 달라집니다. 실제로 한국은 쓰레기 분야 대기업이 없어요. 법률적으로 대기업에 못 주게 되어 있습니다.

조달 시장을 뚫기도 어려워요. 공무원과 이야기하면 쉽지 않습니다. 기본적으로 본인이 담당하는 시기에 아무것도 안 하려고 하죠. 해서 책임지느니, 안 하는 게 낫다가 기본 정서입니다. 그래서 이큐브랩은 국내 영업팀이 없어요. 요청이 있으면 하는데 대응만 하는 수준입니다. 한국에서 판매한 제품은 모두 상대 기업에서 먼저 연락을 했습니다.

쓰레기 수거 플랫폼 론칭은 잘 진행되고 있나요?

열심히 준비하고 있습니다. 저는 개발을 못하니, 프로젝트 매니저로서 최선을 다하고 있어요. 새로운 것을 조율하고 만들어서 론칭하도록 직원들을 지원합니다.

이큐브랩이 가는 길은 궁극적으로 엔터프라이즈 솔루션입니다. SAP 같은 기업을 지향하죠. 쓰레기 관련 기업이니 쓰레기를 더 많이 수거하면 좋잖아요. 그것을 우리가 해줄 수 있습니다. 특히 가정보다 산업 분야에서 규모가 더 클 것으로 봅니다. 센서를 통해 현장 정보를 전송하고, 그것을 관리하도록 소프트웨어를 제공하며 센서를 부착합니다. 쓰레기통이 가득 차면 누가, 어떻게 치울 것인지 가장 저렴하게 입찰하는 업체를 매칭해 주죠.

INSIGHT BOX

스타트업은 '내추럴 본(natural born, 타고난)' 이다. 스타트업은 실패의 경제이기 때문에 스타트업 양을 늘린다는 것은 곧 실패가 많아진다는 의미일 뿐이다. 오히려 선택과 집중이 필요하다. 국가와 사회는 실패해도 계속 창업할 수 있는 인재와 기업에 투자하는 게 중요하다. 그렇다면 무엇을 선택하고, 무엇에 집중할 것인가? 이제 스타트업만큼 스케일업에 주목해야 한다. 창업은 지금도 잘하고 있다. 이제 창업이라는 작은 혁신이 아니라 성장이라는 새로운 혁신에 도전하도록 기회를 줘야 한다. 한국 경제의 혁신은 실패해도 계속해서 시도하는 내추럴 본 모험가와 망상가에게 달려 있다.

텍사스대학교 오스틴 캠퍼스에서 경영정보로 박사학위를 취득한 김여립 교수는 귀국 후 울산과학기술원(UNIST) 기술경영전문대학원 교수로 재직하며, 빅데이터를 활용한 엔터테인먼트 평점 서비스를 제공하는 비케이브(BeeKave)를 창업했다. 연구자로서 탁월한 실적에도 불구하고 김여립 교수가 설립한 스타트업은 성공하지 못했다. 김 교수의 입을 빌려 투자, 인력, 네트워크 등 한국 스타트업이 처한 어려움을 살펴본다.

START-UP
NATION

CHAPTER 9

차세대 왓차의 경험

김여립
UNIST 기술경영전문대학원 교수

교수님이 설립하신 '비케이브'의 이름이 색다르네요.

제가 어릴 때 살았던 동네에서 유래했습니다. 우리 동네에는 벌들이 동굴에 산다는 이야기가 있었어요. 희한하죠. 지금 와서 돌이켜보면 그 동네에만 존재했던 독특한 생태였던 것 같아요. 그래서 따왔습니다. 이름이 독특하잖아요. 다만 지역 이름을 쓰면 문제가 될 수도 있어서 'C'를 'K'로 살짝 바꿨습니다.

교수님이 스타트업을 시작하게 된 계기를 알려주세요.

크게 두 가지 이유에서 시작했어요. 첫째는 실물 경제를 경험하기 위해서입니다. 저는 경영대 교수입니다. 경영대 교수는 비즈니스를 가르치는 게 업인데 과연 비즈니스를 진짜 알고 있나 싶더라고요. 대부분 교수가 사회적 경험이 없거든요. 모순으로 느껴졌습니다. 그래서 저는 삼성 반도체에서 근무해봤고, 하이테크 기업에서도 일했어요. 유일하게 안 해본 분야가 스타트업이었습니다. 비케이브로 다양한 경험을 얻어야 한다고 생각했어요.

또 다른 이유는 10점 만점에 8점이라는 리뷰를 읽고 본 영화가 전혀 8점짜리가 아니었습니다. 신뢰할 수 없는 사이트가 너무 많고 네이버를 봐도 비슷했습니다. 차라리 내가 영화를 포함한 엔터테인먼트 전반에 걸친 리뷰 사이트를 제대로 만들어보자고 생각했습니다.

네이버, 왓챠 모두 관객이 리뷰를 해서 평점을 매기는 시스템이죠. 같은 방식 아닌가요?

네이버나 왓챠는 영화를 본 관객이 직접 별점을 줍니다. 그러다 보니 필터링이 안 돼요. 한마디로 리뷰가 별 의미가 없죠. 하지만 비케이브는 온라인에 존재하는 영화 관련 텍스트를 가지고 빅데이터 분석을 통해 자동으로 평점을 매깁니다. 지금 평점 사이트는 영화가 재미있다는 리뷰를 상단에 최대한 올릴 수 있습니다. 그러다 보니 리뷰가 지닌 정보로서 가치가 낮은 셈입니다. 비케이브는 높은 퀄리티를 지닌 정보를 상단부터 보여줘서 사람들이 잘 평가할 수 있도록 필터링을 하죠.

실제로 사회적 논쟁이 발생한 영화라면 단체로 평점 테러를 해도 필터링하지

못하는 경우가 종종 있죠. 상당히 흥미롭고 가치 있는 시도로 보입니다. 그렇다면 비케이브의 비즈니스모델은 무엇인가요?

정보 서비스가 핵심입니다. 영화를 소개하는 사이트에 우리가 분석한 평점은 몇 점이라는 식으로 정보를 제공하죠. 이 서비스를 최대한 잘 만들면 자동으로 광고도 붙고, 누군가 비케이브의 정보 서비스를 유료로 활용할 수 있을 것으로 생각했습니다.

결국 빅데이터 분석이 비케이브의 차별화 전략이네요.

객관적으로 리뷰를 창출하려고 시도했습니다. 영화 시장이 가장 크기 때문에 영화를 처음 선택했지만 점차 음악과 웹툰으로 확장할 계획이었습니다. 이를 위해 네이버와 다음의 정보를 다 끌어왔어요.

그러면 데이터가 쌓여야만 분석이 가능할 텐데요. 개봉 초기는 전문가 리뷰를 제외하고 분석할 만한 데이터 자체가 없지 않나요? 게다가 영화에 대한 여론이 형성되어야 분석할 수 있다면, 다른 리뷰 사이트보다 객관성은 높지만 시의성에서 뒤처지는 문제점도 발생할 텐데요.

찾아보면 누군가는 리뷰를 작성한 게 분명히 있습니다. 비케이브는 그것을 모두 가지고 왔어요. 그리고 리뷰가 적은 영화는 평점도 낮게 줍니다. 그래서 크기는 상관없어요.

그런데 비케이브가 생각보다 잘 안 되는 이유는 무엇일까요?

솔직히 시간이 부족합니다. 제가 CEO이지만 본업은 교수입니다. 그러다 보니 저의 첫 번째 임무는 학생을 가르치고 연구 결과를 만들어내는 거죠. 솔직히 비케이브에 투자할 시간적 여력이 없었습니다.

게다가 스타트업은 행정 업무가 너무 많더라고요. 투자, 운영, 세금 업무에 필요한 서류가 너무 많았습니다. 중소 벤처기업 투자를 유치할 때 서류 작업을 30장씩 작성해야 합니다. 게다가 하나가 아니라 기관마다 요청하는 서류가 달라요. 주변을 살펴보면 교수들이 비즈니스에 실패하는 이유가 행정 업무 때문입니다. 행정 업무를 하다 보면 도저히 두 개 모두 잘해낼 여력도 시간도 없어져요. 투잡을 뛸 수가 없어요.

그리고 스타트업은 인적 교류가 절실합니다. 특히 한국에서는 기자와 네트워크가 중요하죠. 하지만 학교가 울산이다 보니 네트워크를 구축하기 힘들었습니다.

마지막으로 가장 치명적 부분이라 할 수 있는 인력 문제입니다. 비케이브의 기술을 담당하는 석사 학생들이 졸업 후 취업을 했습니다. 저의 제자라 자랑처럼 들리겠지만 학생들 실력이 매우 뛰어납니다. 그러다 보니 졸업 후 기업들이 서로 데려가려고 합니다. 현재 대부분 학생이 게임 회사에 가 있어요.

스타트업 CEO의 덕목 중 하나가 창업 멤버들에게 동기부여를 제공해 계속 함께하는 일입니다. 교수님은 제자들이 비케이브라는 기업에 계속 몸담을 수 있도록 동기부여를 제대로 하셨나요?

비케이브에 참여한 학생에게 초봉 5,000~6,000만 원을 지급했어요. 회사 지분도 주겠다고 약속했습니다. 하지만 학생들 마음을 돌리는 게 쉽지 않았습니다.

대졸 초봉과 비교하면 굉장히 높네요. 그런데도 학생들이 울산을 떠나네요. 그래서 교수님은 울산 UNIST 교수임에도 창업 지원 신청을 서울의 서강대학교에 하셨나요?

인큐베이터를 쓰면 사무실도 얻고, 교육도 받습니다. 네트워크 기회도 마련해주죠. 서강대학교에 자리하니 한 번에 인큐베이터들이 여러 개 들어오더라고요. 그래서 돌아가며 발표했습니다. 게다가 저녁에는 기자들이 많이 찾아옵니다. 서울에 있다 보니 자연스레 네트워크가 형성되었죠.

교수님이 그리 선택하신 이유는 자금, 공간, 네트워크네요. 그렇다면 서강대학교에서 자금 지원을 받으셨어요?

자금 지원은 UNIST에서 받았습니다.

그런데도 서강대학교에서 창업지원센터 입주를 허용하던가요? 게다가 UNIST에서도 이것을 허락해주나요?

투자와 입주는 별개로 진행했습니다.

그러면 지원을 받은 자금은 어디에 투자했나요?

비케이브가 빅데이터를 다루는 회사여서 컴퓨터 성능이 중요했습니다. 그래서 워크스테이션(workstation)[1]을 구매하는 데 주력했습니다.

쉽게 들어와서 쉽게 나가기

국내 주요 대학은 스타트업 관련 창업 지원 프로그램을 운영하고 있습니다. 경험해보시니 대학에서 진행하는 창업 지원 프로그램이 어떤가요?

먼저 창업 지원 프로그램은 필요하다고 생각합니다. 아홉 개 실패하더라도 한 개가 대박나면 되니까요. 페이스북 등 많은 스타트업이 학교에서 시작했잖아요. 그리고 대학생들의 아이디어에서 괜찮은 게 나옵니다. 게다가 학교에서 제공하는 서비스는 사업등록과 같이 학생들이 잘 모르거나 힘들어하는 분야를 대신해줘서 유용합니다.

특허와 법률도 지원하나요?

네. 사업등록과 관련해 특허가 가장 중요해요. 그래서 특허도 지원합니다. 이런 것은 창업을 준비하는 학생이라도 다 알 수 있는 게 아니라서 도움이 되죠. 학교에 그냥 물어보면 됩니다.

대학에서 시작해 성공한 스타트업이 아직 없습니다. 대학에서 시작한 스타트업의 시장 안착이 어려운 이유는 무엇일까요?

아이디어나 아이템 자체는 대기업보다 나은 게 많습니다. 하지만 마케팅과 자금 분야에서 너무 취약합니다. 다음 단계로 이어지지 않죠.

시장에서 학생이 만든 제품과 서비스를 사주지 않는다는 의미인가요?

대학생이 창업한 스타트업은 어드바이저(advisor)가 있어야 해요. 그래서 같이 성장할 수 있어야 합니다.

대학 창업지원센터에서 경영 컨설팅은 해주나요?

행정 업무를 대행해주지만 컨설팅 지원은 없습니다.

교수님은 다시 한 번 스타트업에 도전할 생각이 있나요?

저는 본업을 교수로 생각하기 때문에 지금은 아니고, 종신교수

창업 지원 프로그램은 필요하다고 생각합니다. 아홉 개 실패하더라도 한 개가 대박나면 되니까요. 페이스북 등 많은 스타트업이 학교에서 시작했잖아요. 그리고 대학생들의 아이디어에서 괜찮은 게 나옵니다.

계약을 체결한 후에 다시 도전하고 싶습니다. 다시 한다면 컨설팅처럼 지식 서비스 기업이지 않을까 싶네요.

한국처럼 시장 규모가 작은 나라에서 서비스 위주의 스타트업이 살아남기 쉽지 않아 보입니다. 가능성에 대해 어떻게 예상하나요?

솔직히 살아남기 힘들다고 봅니다. 한국은 대박이어야 살아남지, 소박은 큰 의미가 없어요. 금방 카피캣(copycat)[2]이 등장하기 때문에 어렵습니다. 그래서 전 세계적으로 먹힐 만한 아이템으로 승부해야 해요. 그리고 미국과 연결지점이 많지 않으니 처음부터 미국 인큐베이터를 활용하는 것도 중요하죠.

결국 한국 스타트업이 성장하기 위해서는 한국을 벗어나야 하네요.

한국 시장은 투명하지 않습니다. 예컨대 광고 시장을 보면, 업체 몇 군데서 독식하고 있어서 나머지는 광고로 도저히 돈을 벌 수 없는 시장이더라고요.

미국이 오히려 예외적 케이스가 아닌가요? 독일, 영국, 프랑스 등 한국보다 시장 규모가 큰 선진국도 미국만큼은 아니기에 어쩔 수 없이 독과점 형태로 흘러가죠. 게다가 미국처럼 스타트업 M&A와 기업공개가 활발하기 힘든 상황에서 너무 미국을 따라가는 게 아닌가 싶어요. 미국식 스타트업 생태계를

지향하는 것은 잘못된 방향이 아닐까요?

미국식 생태계의 본질은 실패하더라도 다시 살아날 기회를 주는 것에 있습니다. 미국은 지금의 실패와 상관없이 언젠가는 대박날 수 있는 기회가 있고, 스타트업 종사자도 이것을 믿고 있습니다. 하지만 한국은 대박나기도 힘들지만 실패 후 기회를 잡기도 힘들죠.

이전 인터뷰에 응한 CEO들은 스타트업을 하려는 사람은 어떻게든 한다고 말합니다. 어느 CEO는 스타트업 DNA라고 표현했어요. 역으로 이러한 DNA가 없는 사람도 스타트업을 시도하고, 실패하더라도 재취업을 통해서 먹고사는 문제는 해결할 수 있는 구조도 필요하죠. 흔히 말하는 사회안전망에 해당하는 부분입니다.

기업가 정신이 중요하죠. 과정 자체를 즐기는 사람도 있지만 어느 정도 시간이 지나면 처음의 열정이 식어버리죠. 쉽게 들어와 쉽게 나갈 수 있는 스타트업 생태계가 만들어져야 합니다.

무조건적으로 창업을 지원하는 게 해결책은 아닌 것 같습니다. 기업가 정신을 지닌 사람을 발굴해 트레이닝하는 것도 중요하다고 봅니다.

솔직히 운도 작용해요. 인큐베이터 발표를 보면 다 안 될 거라고 합니다. 제가 봐도 1~2개 정도만 잘될 것 같죠. 게다가 평가하는 사람조차 잘 모르는 듯합니다.

START-UP NATION

기업가 정신이 중요하죠. 과정 자체를 즐기는 사람도 있지만 어느 정도 시간이 지나면 처음의 열정이 식어버리죠. 쉽게 들어와 쉽게 나갈 수 있는 스타트업 생태계가 만들어져야 합니다.

국가적으로 스타트업을 성장동력으로 삼으려고 합니다. 방향이 옳더라도 리스크가 높은 스타트업에 너무 의지하는 게 아닌지 하는 우려도 있습니다. 혁신 경제를 논하면서 스타트업에 초점을 맞춘 지금의 사회적 담론에 대해 어떻게 생각하나요?

우리나라는 해야 해요. 대기업 위주로 돌아가는 한국 경제에 스타트업이라도 등장해야 경제가 유지되지 않을까요? 세계적으로 먹힐 수 있는 새로운 아이템이 한국에서 발굴되어야 하는데, 대기업에서는 힘들어요. 결국 스타트업에서 아이템이 나와야 한다고 봅니다.

아마존, 구글, 페이스북 같은 기업은 10년 전만 해도 존재감이 크지 않았지만 지금은 시가총액 상위 기업이죠. 이것을 한국에 적용하자면 시장 규모로 인해 대박 스타트업이 힘들지 않을까요?

잘하면 세계적으로 통할 아이템은 많습니다. 스포티파이(Spotify)도 스웨덴에서 나왔지만 서비스가 좋으니 유럽을 넘어 미국에서도 성공했습니다. 잘하면 가능합니다.

다시 한 번 말하지만 스타트업을 향후 국가 경제의 한 축으로 삼아도 가능할 것이라는 견해네요.

한국의 강점이 IT에 있으니 정보 서비스로 가야 합니다. 특히 데이터 기반 맞춤형 서비스가 필요합니다. 제가 대기업 컨설팅도 많이 하는데 한국은 아직 갈 길이 멀죠. 데이터 구축도 안 되어 있고 데이터를 처리할 기본 시스템이 미흡해요.

전문성이 경쟁력이다

앞서 똑똑한 제자들이 높은 연봉 받고 게임 회사로 갔다고 말했습니다. 다르게 보면 직접 창업에 나서는 학생이 없다는 의미입니다. UNIST, KAIST, 포스텍의 학생은 고등기술 인력인데, 이들이 왜 창업에 뛰어들지 않을까요?

학생을 탓할 수는 없지만 기본적으로 세상살이를 편하게 하고 싶은 거죠. 월급 받으며 일하는 게 편하잖아요. 하지만 취업한 학생들에게 물어보면 결국에는 다 후회합니다. 막상 입사하니 하는 업무가 마음에 안 드는 거죠. 그런데도 취업 아니면 진학을 선택합니다. 창업은 잘 안 해요.

대학 기술을 바탕으로 스타트업이 나오는 게 쉽지 않겠네요.

창업가는 확실히 외향적 성격이어야 합니다. 그런데 기술 분야 학생들은 내성적 성향이 많죠. 그래서 외향적 성향의 파트너를 잘 만나는 게 중요합니다. 팀으로 하면 뭔가 가능할 것으로 봅니다.

MIT와 캘텍 같은 미국 주요 대학의 학생들은 적극적으로 창업에 나섭니다. 한국과 미국의 차이가 무엇일까요?

미국 대학은 투자 유치가 잘됩니다. 미국 학생은 자신의 기술을 발표할 자리가 많아요. 그러다 보니 아무것도 없어도 투자받을 확률이 높죠. 솔직히 돈이 가장 중요한 요소입니다.

투자는 여러 번 이어가면서 받아야 하는데, 이게 계속 안 메꿔지면 실패하죠. 이 부분에서 미국이 좀 더 유리합니다. 분위기도 무시할 수 없죠. 한국 학생은 확실히 대기업 입사를 선호합니다. 그리고 이것을 좋게 포장하죠. 반면 미국은 스타트업 시도를 대단히 아름답게 포장합니다.

네덜란드의 호프스테드(Hofstede) 교수가 문화별로 리스크 테이킹의 차이를 설명했습니다. 이러한 차이는 어떨까요?

한국의 리스크 테이킹은 창업보다도 낮은 치킨집 같은 것을 추구하는데, 이것은 국가적으로 나아갈 방향이 아닙니다.

스타트업을 교과과정에 포함해 학점 이수로 인정하는 방안에 대해 어떻게 보십니까?

필요하다고 생각하지는 않습니다. 실질적으로 가르쳐주는 게 아니라 이론적으로 배우기 때문이죠. MBA 과정과 비슷하다고 봅니다. MBA 과정 중에 협상 수업이 있는데 수업에서 협상에 대해 배울 게 뭐가 있겠어요. 이것은 그냥 내추럴 스킬(natural skill)입니다.

몇 가지 틀은 있지만 한 학기 동안 배울 사안은 아닌 거죠.

오히려 스타트업 CEO의 경험을 공유하는 시리즈가 학생들에게 도움이 된다고 봅니다.

MBA처럼 케이스스터디 중심의 커리큘럼을 의미하나요?

아닙니다. 그러면 성공한 케이스만 나오죠. 이런 것은 교수들이 잘 알고 있습니다. 그렇다고 실무적이지는 않아요.

그렇다면 대학에서 스타트업에 대해 무엇을 다루면 좋을까요?

예를 들어 사업계획서 쓰는 법, 인큐베이터와 투자 유치, 인력 확보 방법 등 실무적인 것을 다뤄야 합니다.

이것을 가르치는 게 대학에서 해야 할 일일까요?

그렇다고 봅니다. 오히려 경영대에서 이런 것을 집중적으로 다뤄야 해요.

교수님은 스타트업 경험도 있고, 경영학 전문 지식도 보유하고 있습니다. 창업에 도전하려는 청년에게 해주고 싶은 말이 있다면 무엇인가요?

무엇보다 전문성을 키워야 합니다. 전반적 지식으로는 안됩니다. 이제는 뭔가 특별한 것을 만들어야 해요. 예를 들어 그루폰은 특별한 기술이 아니었어요. 그러니 경쟁자가 금방 따라 해서 망했죠. 정말 전문성 있는 아이템으로 시도해야 합니다.

그럼 기술밖에 없는 것인가요? 아이디어는 어때요?

다시 말하지만 특별해야 해요. 삼성이 반도체에 성공한 이유는 처음에 5조 원을 들고 시작했어요. 어느 개인이 5조 원이 있겠어요? 그러니 기업을 하려면 전문성을 키워 특별한 아이템을 만드는 방법밖에 없습니다.

정책 담당자에게 스타트업을 위해 당부하고 싶은 부분이 있나요?

한국은 스타트업을 위한 오피스 공간만 많습니다. 정작 중요한 투자 유치는 없어요. 정말로 투자를 끌어올 수 있어야 성공 확률이 올라갑니다. 그리고 작은 부분일 수 있는데요. 한국은 한글파일로 작성해야 할 서류가 너무 많아요. 게다가 똑같은 질문입니다. 왜 이렇게 많이 요구하는지 모르겠어요.

INSIGHT BOX

누구나 창업할 수 있지만 아무나 성공할 수 없다. 특별함 없이 시작한 스타트업은 아무런 경험을 축적하지 못한 채 실패하고 만다. 스타트업이 혁신 경제인 이유는 기존 전통 경제에서 나타날 수 없는 특별함이 있기 때문이다. 이러한 특별함은 전문성에서 비롯한다. 경쟁자가 모방할 수 없는 전문성을 갖추지 못했다면 차라리 스타트업을 하지 않는 게 낫다. 실패해도 가치 있는 시도는 나만의 특별함을 갖췄을 때뿐이다.

START-UP NATION

결국 국가는 스타트업의 실패를 줄이기보다 실패해도 괜찮은 경제 구조를 만들어야 한다. 개인의 실패 비용이 국가의 기회비용으로 자리할 때 한국 경제의 새로운 가능성이 열릴 것이다.

START-UP
NATION

CHAPTER 10

황금열쇠는 없고, 황금률은 있다

혁신의 본질은 불확실성이다. 투입 대비 산출 효과를 예측하기 어렵다. 자원을 얼마나 투입해 어느 정도의 효과를 거둘 수 있을지 예측할 수 있다면 그것은 혁신이 아니라 개선이다. 혁신은 불확실해서 우연히 발생하고 계획대로 진행되지 않는다. 그래서 혁신을 핵심 화두로 삼는 경제 구조는 결과가 아니라 과정에 주목해야 한다.

스타트업이 혁신에 적합한 이유가 여기에 있다. 스타트업은 지금까지 시장에 존재하지 않은 새로운 제품과 서비스를 내놓는다. 이것이 실제로 수익으로 연결될지는 아무도 모른다. 기존 기업이 리서치를 통해 기회 요인과 위협 요인을 뽑아내며 살피는 동안 스타트업은 일단 시도한다. 과감히 시도해본 스타트업은 시장 반응을 살펴본 후 지속 여부를 결정한다. 시장 반응이 좋아 계속 성장한다면 문제가 없다. 하지만 그렇지 않다면 어떻게 해야 할까? 스타트업은 실패를 학습한다. 그리고 다시 시도한다.

이 과정을 반복할수록 스타트업은 엄청난 경험을 축적한다.

이 과정에서 혁신은 어디에 있을까? 반복해 축적되는 경험 속에 혁신이 자리한다. 다시 한 번 말하지만 혁신은 결과가 아니라 과정에서 발생한다. 많은 과정을 경험한 스타트업일수록 혁신을 불러일으킬 가능성이 커진다.

인터뷰에 응한 7인의 CEO는 이것을 증명한다. 설립 초기의 목적과 기술을 지금까지 유지하는 스타트업은 없다. 시장 반응을 지속해서 학습하며, 경험을 축적하고, 이를 바탕으로 수천억 원대 가치를 지닌 혁신을 끌어냈다. 이들 기업의 시작은 초라했지만 꾸준히 경험을 축적해 지금의 단계에 이르렀다.

흥미롭게도 출구 전략을 물어보는 질문에 어느 CEO도 기술적 완성도를 제시하지 않았다. 그들은 M&A 또는 기업공개 같은 재무적 측면의 최종 방식을 고민했지만 지금 보유한 서비스와 제품의 최종 버전을 제시하지 않았다. CEO는 혁신이 결과가 아니라 과정에서 발생한다는 사실을 정확히 인식했다. 혁신은 결코 계획에 따라 완성되는 결과물이 아니다. 혁신은 과정에서 만들어지는 산물이다. 따라서 스타트업은 혁신을 추구하는 게 아니라 혁신을 발견할 수 있도록 경험을 축적해야 한다.

인터뷰에 응한 CEO는 어떻게 혁신을 발견했는지 말했다. 그들은 몰랐던 사실을 알려주고 답답한 현실에 괴로워했다. 그리고 여전히 성장을 갈구했다. 흥미로운 점은 CEO 인터뷰가 다양한 소재와 사례를 포함하지만 경영 방식과 문제의식은 비슷했다. 다시 말해 각각의 스타트업이 처한 상황에 따라 전개되는 방식이 다를 뿐, 모든 스타트업이 유념해야 할 공통의 지점이 나타났다.

10장은 CEO 인터뷰에 숨겨져 있는 공통점을 발굴하는 부분이다. 공통점은 스타트업을 하려는 누구에게나 적용 가능한 황금열쇠가 결코 아니다. 하지만 반드시 유념해야 할 불문율이다. 그리고 불문율을 자신만의 황금률로 만들어야만 스타트업 성공을 기대할 수 있다.

고민할 시간에 시도하라

스타트업은 모든 게 처음이다. 기존 기업처럼 경험으로 리스크를 회피할 수 없다. 게다가 리스크 회피를 위한 시스템을 구축할 비용과 자원도 없다. 솔직히 말하자면 스타트업은 무엇이 리스크인지 모를 때가 많다. 피해가 발생해야 리스크로 인식할 정도다. 스타트업은 모든 게 처음이기 때문에 리스크를 경험하지 못했다. 따라서 무엇이 리스크인지도 모른 채 오로지 맨몸으로 모든 리스크를 떠안아야 한다.

게다가 스타트업 자체가 리스크다. 스타트업은 정상적이고 합리적 과정을 거쳐 성장하지 않는다. 아마존은 설립 3년 만에 매출이 32배 증가했으며, 구글의 규모는 7년 만에 193배 늘어났다. 이 책에 등장한 데이블도 매달 20% 이상 고성장을 거듭한다.

스타트업은 새로운 분야에서 새로운 방식으로 시작하기 때문에 모든 것이 리스크다. 그래서 외부에서 바라보면 위태롭기 그지없다. 예를 들어 수천억 원 적자를 내면서도 공격 경영을 멈추지 않는 쿠팡에 대해 많은 경제 전문가가 의구심을 제기한다. 적자 늪에 허우적대고, 소프트뱅크 손정의 회장의 추가 투자는 산소호흡기를 달아준 것뿐이라고 비아냥거린다. 심지어 사기라고 비난한다.

하지만 스타트업 시각은 다르다. 이른바 쿠팡의 '계획된 적자'는 e커머스를 장악하기 위한 전략적 선택이다. 롯데, 신세계, SK 등 e커머스 시장에 진입한 대기업과 경쟁하기 위해 쿠팡은 달라야 한다. 다르기 위해서 쿠팡은 리스크를 감내할 뿐이다. 이에 대해 베스핀글로벌 이한주 CEO는 "솔직히 스타트업계에 있으면 이러한 시도는 당연하게 받아들여집니다"라고 말할 정도다. 결국 스타트업은 끊임없이 리스크를 받아들여야 오히려 진정한 리스크를 회피할 수 있다. 이러한 역설이 스타트업의 혁신을 상징한다.

그렇다면 스타트업은 리스크를 어떻게 받아들여야 할까? 해법은 간단하다. 리스크를 경영 프로세스에 포함하면 된다. 한 발짝 더 들어가보자. 리스크를 경영 프로세스에 포함한다는 의미는 거창한 전략이 아니다. 일단 시도하는 게 핵심이다. 리스크를 안고 시도한 다음, 시장 반응을 학습해 다음 전략을 수립한다. 이것은 스타트업 경영 전략으로 널리 알려진 린 방식과 유사하다.

최근 경영 환경의 불확실성이 커지고 있다. 무엇이 리스크인지 구별하기 힘들고, 과거에 리스크가 아니던 사안이 지금은 심각한 리스크로 발전한다. 따라서 사전에 리스크를 식별하고 예방하는 것은 거의 불가능한 일이 되었다. 게다가 리스크 회피는 스타트업이 도저히 감내할 수 없는 엄청난 비용이 필요하다. 따라서 스타트업은 리스크를 기획하고 예측하기보다 일단 실행한 후 이에 따라 발생한 리스크를 학습하고 대응하는 방식을 채택한다. 이러한 방식은 사전 예방보다 사후 대응에 초점을 맞추고, 끊임없이 리스크를 받아들여 궁극적으로 기업의 생존 여부를 결정하는 리스크를 회피하는 역설적 접근법이다.

인터뷰에 응한 스타트업 CEO가 한결같이 말한 문장이 '일단 해보자'다. 이것은 무대책, 무계획이 아니다. 오히려 리스크에 적절히 노출하면서 기업의 면역력을 높이는 일종의 예방접종이다. 이에 대해 데이블의 이채현 CEO는 다음과 같이 말한다. "어찌 보면 약점일 수 있지만, 스타트업은 검토할 여력이 없어요. '그럴 바엔 그냥 하자'로 갑니다."

모든 리스크를 이겨낼 강인한 기초 체력이 있다면 더할 나위 없이 좋다. 하지만 스타트업은 막 발걸음을 뗀 신생아와 같다. 게다가 신생아를 노리는 포식자들이 주변에 널려 있다. 그렇다면 꾸준히 리스크에 노출하는 게 스타트업 생존에 유리하다. 게다가 리스크 테이킹이 다른 경쟁자들이 보지 못하는 비즈니스 기회를 만들어내기도 한다. 이러한 측면에서, 스타트업에 있어서 리스크는 피해야 할 사안이 아니라 받아들여 기회로 만들어 낼 새로운 경영 요소다. 당신이 스타트업을 준비한다면 무엇을 고민하든 고민하지 말고 바로 시도해야 한다.

최소한 세 번 실패하라

스타벅스는 어떤 기업일까? 누구나 떠올리는 흔한 대답은 커피 회사다. 그렇다면 질문을 바꿔보자. 스타벅스는 커피 회사인가, 카페인가? 커피를 파는 곳이 카페이니 이러한 질문을 말장난으로 여긴다면 당신은 업의 본질을 놓치고 있다. 카페가 파는 재화는 커피가 아니라 공간이다. 커피는 매개일 뿐이다. 블라인드 테스트 결과 맥도널드 커피가 스타벅스 커피보다 맛있다고 나타났지만 스타벅스에 사람들이 몰리는 이유가 여기에 있다. 만나고, 대화하고, 심지어 공부하는 공간으로 스타벅스를 소비한다.

이건희 삼성 회장이 즐겨 물어본 것으로 유명한 업의 본질은 정체성 그 자체를 의미한다. 그렇다면 스타트업의 본질은 무엇일까? 스타벅스의 본질이 공간이라면 스타트업의 본질은 실패다. 실패가 스타트업을 규정하는 정체성이다.

스타트업 본산인 실리콘밸리의 CEO들은 평균 2.8회 실패했다. 전 세계 최대 전자상거래 기업 아마존은 지난 22년 동안 18개의 사업에 실패했다. 미국만의 현상이 아니다. 중국 최대 전자상거래 기업 알리바바의 창업주 마윈은 여덟 번 망했고, 손정의는 소프트뱅크 이전에 수십 번 실패했다. 스타트업 국가로 평가받는 이스라엘에서도 지난 15년간 창업 실패율이 97.5%에 달한다.

이 책에 등장하는 CEO들 역시 최소 세 번 이상의 실패를 이겨내고 지금의 자리에 올라섰다. 실패 경험을 토로했던 원티드 이복기 CEO는 "사비로 직원들 월급 주면서 마케팅했던 경험이 지금 와서 많이 도움이 됩니다"라고 말했다. 실패하지 않고서는 성공할 수 없다.

스타트업을 바라보는 국가와 개인은 어떨까? 개인은 더 큰 성공을 위해 실패할 수 있다는 여유가 없다. 그들은 절대 실패하지 않으려고 한다. 국가 역시 스타트업 실패를 줄이기 위해 정책적 노력을 기울인다. 일견 당연하고 타당해 보이는 이러한 방식은 스타트업 본질과 상충한다. 스타트업은 실패를 자양분으로 삼는다. 개인의 실패는 사회적 손실이 아니라 경험의 축적으로 이어져야 한다. 이에 대해 아크릴 박외진 CEO는 "실리콘밸리에서는 세 번 실패한 CEO를 가장 가치 있다고 여깁니다. 하지만 한국은 세 번 실패하는 CEO가 나올 수 없는 구조예요. 운이 없거나, 기술은 훌륭하지만 잘 안 되는 때도 있습니다. 하지만 실패하면 개인이 가진 훌륭한 자산을 사회적으로 활용할 수 없어요. 이 부분을 개선하지 않으면 아무도 스타트업을 시도하지 않을 겁니다"라고 말했다. 결국 국가는 스타트업의 실패를 줄이기보다 실패해도 괜찮은 경제 구조를 만들어야 한다. 개인의 실패 비용이 국가의 기회비용으로 자리할 때 한국 경제의 새로운 가능성이 열릴 것이다.

인터뷰에 응한 CEO들은 한결같이 "스타트업을 할 사람은 어떻게든 스타트업을 한다"라고 말했다. 이른바 스타트업 DNA를 지녔기 때문에 실패 그 자체가 그들의 도전에 아무런 영향을 미치지 못한다. 하지만 그들이 다시 스타트업에 선뜻 나서지 못하는 이유는 축적되지 않은 경험 때문이다. 투자자는 실패에서 오는 경험을 인정하지 않고, 사회는 실패에서 얻는 통찰력을 활용하지 않는다. 오로지 '루저(loser)' 라는 사회적 낙인만 얻을 뿐이다.

실패는 더 큰 성공의 밑거름이다. 2년간 기업 생존율을 보면 최초 창업이 47.5%인데 반해 재창업은 83.9%에 이른다. 또한 기술 기반 스타트업일 경우 생존율은 더 높아진다. 전체 업종에서 재창업 시 5년 생존율은 27.5%에 불과하지만, 기술 기반 기업은 50.8%에 이른다. 실패를 반복할수록 점점 더 큰 성공이 다가오는 산업이 스타트업이다.

스타트업은 실패의 경제다. 내추럴 본 스타트업 CEO들은 도전을 멈추지 않는다. 성공할 때까지 실패하는 그들의 무한도전이 한국 경제의 미래를 밝히고 있다.

소비자에게 자유를 제공하라

한 해 동안 공공 기관에서 발송된 모든 등기우편의 내용을 조회해 보관하는 업무는 예상외로 어마어마하다. 3,900개가 넘는 우편의 등기번호를 우체국 홈페이지에 입력해 확인한 후 일일이 출력해야 한다. 8시간 근무 기준으로 6개월이 걸리는 거대한 단순 작업이다. 하지만 대구노동청 안동지청의 한 사회복무요원은 달랐다. 카이스트에서 석사학위를 취득한 그는 자동화 소프트웨어를 개발해 6개월이 걸리는 일을 30분 만에 끝냈다.

여기까지 널리 알려진 이야기다. 여러 미디어에서 다루며 공무원 조직의 비효율성과 IT 기술의 우수함을 조망했다. 그렇다면 이 이야기의 또 다른 이야기도 알아보자. 사회복무요원은 한 미디어와의 인터뷰에서 "휴가를 챙겨주신다면 더 열심히 하겠다"라고 너스레를 떨었다. 6개월 업무를 30분 만에 끝냈으니 5개월 30일 23시간 30분을 놀고 싶다는 뜻이다. 다시 말해 기술개발로 시간을 대폭 절약했으니 그만큼 일을 더 하겠다는 게 아니라 휴가를 떠나고 싶다는 의미다. 심지어 그는 자신의 블로그에 "컴퓨터에 하청을 줘버리고 당신은 다른 시간을 즐기면 되는 것이다. 하루 중 여유 시간이 늘어날 것이다"라고 적었다.

사회복무요원이 게으른 천재라서가 아니다. 모든 기술개발의 혜택은 인간을 나태하게 만든다. 자동차업계의 최고 화두인 자율주행을 살펴보자. 자율주행과 관련된 광고와 영화를 보면 운전자는 아무것도 하지 않는다. 자율주행 동안 잠을 자고, 드라마를 보며, 연인과 사랑을 나눈다. 이 시간에 일하는 장면은 어느 곳에서도 찾을 수 없다.

스타트업 역시 마찬가지다. 스타트업이 개발하는 제품과 서비스는 소비자에게 편리함을 제공해야 한다. 하지만 편리함은 일을 더 많이 하고 효율적으로 하기 위해서가 아니다. 소비자에게 그동안 놓치고 있던 일상의 시간을 되돌려주기 위한 편리함이어야 한다. 예를 들어 아크릴 박외진 CEO는 스타트업이 만들어낸 기술의 본질을 자신에게 필요 없는 지식을 갖추는 데 걸리는 시간을 없애는 것에서 찾았다.

인간은 '호모 라보르(Homo Labor)' 보다 '호모 루덴스(Homo Ludens)' 에 가깝다.[1] 생존하기 위해 노동하지만 즐겁게 노는 것을 더 좋아한다. 하지만 문명은 잘 놀기보다 더 일하는 방향으로 나아갔다. 더 많은 농작물을 경작하기 위해 도구를 개발하고, 더 많은 제품과 서비스를 소비하도록 발전했다. 이러한 측면에서 스타트업이 무엇을 더 할 수 있도록 만드는 기술을 개발한다면, 그것은 개선일 뿐 혁신일 수 없다.

《테크놀로지의 종말》의 저자인 독일 미래학자 마티아스 호르크스(Matthias Horx)는 인간 속성을 파악하는 데 실패한 기술은 사라질 것으로 예측했다. 그가 말한 인간 속성이란 자유를 의미한다. 따라서 자유를 확장하는 기술만이 앞으로 살아남는다. 이러한 기술은 불편하고 복잡하기보다 편안하고 단순함을 추구한다. 《어린 왕자》를 쓴 생텍쥐페리도 비슷하게 지적했다. 그는 기술은 언제나 원시적인 것에서 시작해 복잡함을 거쳐 단순한 것으로 발전한다고 말했다. 여기서 말하는 단순함이란 기술 난이도를 의미하는 게 아니다. 기술이 얼마나 인간의 본질을 충족시키느냐를 가리킨다.

대부분 스타트업은 소비자가 무엇을 더 할 수 있도록 만드는 복잡한 유용성에 초점을 맞춘다. 유용성에 초점을 맞춘 기술은 창업에 성공할 수 있어도, 지속 가능한 성장을 담보할 수 없다. 스타트업은 소비자가 무엇을 하지 않아도 되도록 해야 한다. 그리고 소비자가 스타트업 제품과 서비스를 이용하면 자유롭다고 느끼도록 만들어야 한다.

이를 실천하는 가장 쉬운 방법은 시간에 있다. 스타트업이 일상의 시간을 되돌려주면 소비자는 자유를 체감할 수 있다. 공부 시간을 줄이고, 운전 시간을 줄이고, 쇼핑 시간을 줄이고, 심지어 TV 채널을 선택할 시간을 줄여 소비자에게 아무것도 하지 않을 자유를 제공해야 한다. 이래야만 소비자가 혁신으로 인식하고 스타트업에 열광한다.

스타트업은 인간에게 자유를 제공해야 한다. 소비자를 자유롭게 만들지 못하는 편리함은 결코 시장에서 살아남을 수 없다. 소비자가 무엇을 더 하는 게 아니라, 무엇을 하지 않아도 되도록 서비스를 제공해야 한다. 따라서 스타트업은 소비자의 시간이라는 본질적 가치에 집중해야 한다.

기술이 없다면 시장과 갈등하는 스타트업을 만들어라

이 책을 쓰는 동안 2명의 택시 기사가 분신하며 유명을 달리했다. 극단적 선택을 취한 그들의 절박함이 시민의 한 사람으로서 마음을 무겁게 한다. 하지만 스타트업 CEO들이 제시하는 인사이트는 분명하고 단호하다. 혁신이 불러일으킨 갈등을 피하면 혁신을 완성할 수 없다.

서울 한복판에서 일어나는 택시 기사의 시위는 오로지 카카오를 향한다. 전 세계적으로도 마찬가지다. 뉴욕과 파리의 택시 기사는 우버를 규탄하는 시위를 벌인다. 흥미로운 사실은 택시 기사를 직업 란에서 완전히 지워버릴 자율주행 기술에 대해서는 어느 택시 기사도 항의하지 않는다. 택시 기사는 왜 자신의 위험을 다르게 평가할까?

스타트업이 만들어낸 새로운 시장은 두 가지로 나뉜다. 하나는 기존 시장을 파괴하면서 나타난 시장이고, 다른 하나는 지금까지 존재하지 않았던 시장이다. 카카오의 카풀 서비스가 전자라면, 아마존의 클라우드 서비스인 AWS는 후자에 해당한다.

예상과 달리 스타트업이 기존 시장을 파괴하며 나타난 시장은 기술보다 반짝이는 아이디어가 강조되는 경우가 많다. 논란이 되는 카풀과 부동산 중개 서비스가 대표적이다. 반면 지금까지 존재하지 않았던 시장은 하이테크 중심이다. 예를 들어 바이오 스타트업이 신약을 개발하면 전혀 새로운 제약 시장을 만들어낸다.

간단한 기술로 창의적 아이디어를 구현한 시장은 진입장벽이 낮다. 기술적 제약이 크지 않기 때문에 누구나 미투 전략을 구사할 수 있다. 이러한 특성은 혁신 확산을 자극한다. 너나 할 것 없이 새로운 시장에 뛰어든다. 이용자 역시 새로운 시장을 이해하는 데 어려움이 없어서 혁신 수용이 손쉽게 발생한다.

여기서 뉴턴의 세 번째 운동 법칙이 작동한다. 바로 작용과 반작용이다. 혁신 확산과 수용이 빠르고 쉽게 나타나는 만큼 이에 대한 역풍도 크고 강하게 일어난다. 택시와 같이 생산자 복지가 소비자 복지를 압도하는 업종은 반작용이 더욱 강하다. 상대적으로 소수의 표면적 위험은 눈으로 쉽게 확인하지만, 다수의 잠재적 이익은 눈에 보이지 않기 때문에 반작용은 부정적으로 프레임되어 사회적으로 유통된다.

지금까지 전혀 없는 새로운 시장을 만들어내는 스타트업이라면 걱정할 필요가 없다. 왜냐하면 스타트업이 제공하는 제품과 서비스가 어떻게 사회적으로 수용될지 아무도 예측할 수 없으므로 반작용이 없거나 크지 않다. 하지만 기존 시장을 파괴하며 새로운 시장을 만들어내는 스타트업이라면 다르다.

솔직히 말하자면 파괴적 혁신을 이끄는 스타트업은 기존 플레이어와 공생할 수 없다. 스타트업은 기존 플레이어의 대체재이지 보완재가 아니다. 훌륭한 스타트업은 창의적 아이디어와 기술로 시장을 약탈하고 기존 기업을 파멸로 이끈다. 이것이 경제 생태계의 역동성이고 스타트업이 해야 할 일이다.

이와 관련해 원티드 이복기 CEO는 다음과 같이 말한다. "원티드 초기에 헤드헌터들이 엄청나게 미워했습니다. 게시판에 난리가 났죠. '우리가 입소문을 타는가보네' 라고 생각은 했지만 그들이 민원을 넣기 시작하면서 구청에서 관리 감독이 들어왔어요. 서비스 내용이 어떻게 되는지 말이에요. 그래서 아예 노동청에 질의해 유권 해석을 받아 전달해줬습니다. 그렇게 하나씩 풀고 있어요."

스타트업의 모든 선택은 대가를 치른다. 변화하고 나아지기를 선택했다면 이에 따른 부작용은 불가피한 부분이다. 8퍼센트의 이효진 CEO는 "기득권과의 갈등은 모든 산업에서 일어납니다. 혁신 성장은 기득권보다 변화를 택한 거예요. 적절하게 어드밴티지를 주면서 환경을 조성해야 합니다"라고 지적했다. 선택의 대가를 최소화하는 게 중요하지만, 이것을 제로로 만들겠다는 사고로는 혁신을 완성할 수 없다. 자신을 향하는 반작용을 없애기 위해 자원을 투입하는 스타트업은 혁신성을 스스로 깎아내리는 자충수를 둘 뿐이다. 스타트업은 반작용을 없애지 말고 다른 방향으로 유도해야 한다.

정부 역시 마찬가지다. 규제로 구산업을 지키는 게 아니라 혁신으로 새로운 시장이 열리도록 지원해야 한다. 이 과정에서 발생하는 반작용은 다른 방향으로 흐르도록 출구 전략을 제시해 해결해야 한다. 예를 들어 공유 경제 서비스로부터 택시 기사의 일자리를 지켜주는 게 아니라 일자리를 잃어버린 기사들이 다른 일자리로 빠르게 이동하도록 지원해야 한다.

눈앞에 놓인 작은 위험 때문에 눈에 보이지 않는 큰 이익을 놓쳐서는 안 된다. 그리고 스타트업은 갈등을 절대악으로 치부해선 안 된다. 오히려 성장을 위한 기회비용으로 생각해야 한다. 왜냐하면 갈등도 스타트업 혁신의 일부분이기 때문이다.

니즈마저 재창조하라

데모데이(Demoday, 사업 아이디어를 발표하는 자리)에 참석할 때마다 현란한 프레젠테이션 방식을 동원한 스타트업 자랑에 현기증이 난다. 어려운 기술 용어와 신조어로 무장한 마케팅 전략을 듣고 있노라면 한국 스타트업의 미래는 유니콘 수십 개가 우스울 정도의 온통 장밋빛 미래로 가득하다. 하지만 그들의 프레젠테이션에 빠진 게 있다. 이용자에게 무엇을 제공할지 보여주지만 이용자의 욕망을 어떻게 채울지는 알려주지 못한다.

현재 국내에서 화제가 되는 애플리케이션 중 하나가 소개팅 앱 틴더(tinder)다. 소셜 디스커버리(social discovery)를 외치는 이 서비스는 간단하다. 온디맨드(on-demand)로 안전하고 신뢰할 만한 파트너를 연결하는 플랫폼이다. 별것 아닌 아이디어로 뭐든지 플랫폼화하는 스타트업의 전형이다.

하지만 별것 아닌 게 아니다. 우리는 러닝머신보다 야외에서 더 많이 걷고, 세탁실에서 혼자보다 같이 있는 게 시간이 더 빨리 간다는 사실을 알고 있다. 그래서 누구를 만나게 해서 수익을 창출하려는 스타트업은 화려한 4D 영상으로 무장한 최첨단 서비스보다 그냥 같이 있고 싶은 사람을 연결하는 게 효과적이다.

앞서 인터뷰한 원티드에서도 비슷한 사실을 발견했다. 이용자에게 보상을 어떤 식으로 받길 원하는지 물어봤다. 기부 형태로 보상을 활용하겠다는 응답이 25%에 달했다. 하지만 실제 서비스를 운영해본 결과 추천 보상으로 기부를 택한 사람은 한 명뿐이었다. 훌륭한 사람을 추천하는 선한 의지는 적절한 보상이 담보되어야 가능한 이기심과 결합해 성공적 서비스로 발전했다. 여기서 핵심은 자신에게 이익이 되는 보상을 자극한 욕망이 해당 서비스의 성공을 결정했다는 사실이다.

스타트업은 기술의 테스트 베드가 아니다. 기술은 인간에 내재된 욕망을 자극하고 실현하는 도구일 뿐이다. 하지만 많은 스타트업이 오로지 기술에 집중한다. 물론 시장에서 살아남기 위해 기술을 꾸준히 개발하는 자세는 중요하고 또 필요하다. 하지만 왜 기술을 개발하고 시장에 내놓는지에 대해 스스로 진지하게 물어봐야 한다.

인간의 욕망을 자극하는 일은 쉽지 않다. 예를 들어 인간은 남을 이기려는 경쟁심과 남을 도우려는 동정심을 동시에 가진 존재다. 상반되지만 두 개 모두 인간의 욕망이다. 이때 스타트업이 두 개의 상반된 욕망 중 무엇을 자극하도록 비즈니스 콘셉트를 수립해야 하는지 선택하기란 쉽지 않다. 하지만 스타트업은 반드시 선택해야 한다. 아무것도 선택하지 않으면, 아무것도 성취할 수 없다.

많은 스타트업 CEO가 차별화된 기술로 시장의 니즈를 충족하면 성공할 수 있다고 믿는다. 시장의 니즈를 충족시키는 것은 비즈니스를 영위하는 데 있어서 핵심이다. 하지만 이러한 발상은 누구나 상상하고 시도할 수 있어서 블루오션이 될 수 없다. 불확실한 경영 환경에서 스타트업이 지속 가능한 성장을 이룩하려면 니즈를 넘어 무의식적으로 인간이 추구하는 욕망 그 자체를 자극해야 한다. 스타트업이 혁신인 이유가 여기에 있다.

스타트업이 아니라 스케일업에 주목하라

마지막은 결이 다른 인사이트다. 앞선 인사이트가 기업으로서의 스타트업에 한정한다면, 마지막은 스타트업 생태계를 위해 국가적으로 적용 가능한 인사이트다. 특히 스타트업 관련 정책에 유효하다.

언급했듯이 스타트업은 실패의 경제다. 대부분 스타트업이 창업 5년 이내에 사라진다. 각종 지원이 이뤄지지만 성공률은 획기적으로 늘어나지 않는다. 그러므로 스타트업 창업이 늘어나는 것은 곧 실패의 숫자가 커진다는 의미다. 앞서 실패를 줄이는 게 아니라 실패해도 괜찮은 경제를 만들어야 한다고 말한 이유가 여기에 있다.

그렇다고 무작정 실패를 용인할 수도 없다. 스타트업에 투입할 수 있는 자원은 한정되어 있다. 외부 환경도 점점 나빠지고 있다. 한국은 일본의 제조 기술력을 따라잡지 못한 상황이고, 4차 산업혁명 시대에 주축을 담당할 스타트업 경쟁에서 중국에 밀리고 있다. 19세기 말 중국과 20세기 중반 남미가 입증하듯이 시대의 흐름에 뒤처진 국가 경제는 좀처럼 회복하지 못한다.

스타트업 생태계에도 새로운 선택과 집중이 필요하다. 지금까지 스타트업 화두가 저변 확대였다면, 이제부터는 스타트업 생태계의 대표 주자를 키워야 한다. 다시 말해 스타트업만큼 스케일업에 주목해야 한다.

스케일업은 새로운 개념이 아니다. 유럽을 중심으로 스타트업의 업그레이드 버전으로 스케일업이 활용되고 있다. 스케일업은 3년 동안 고용과 매출에서 평균 20% 이상 고성장하는 스타트업을 가리킨다.

스케일업은 경험의 축적이 본격화되는 시점이다. '죽음의 계곡'을 넘은 스타트업은 개발, 영업, 마케팅, 인사 등 경영 전 분야에 걸쳐 상당한 노하우를 갖는다. 1장에서 말한 캐즘 이전이 생존과 관련된 1단계라면, 캐즘 이후에는 확보한 노하우로 고성장을 본격적으로 구가하는 2단계가 열린다. 2단계가 바로 스케일업이다.

스케일업은 규모와 고용에 있어서 유니콘의 서막이다. 스케일업 기업을 살펴보면 평균 매출액이 1,000억 원에서 2,500억 원 사이에 있었다. 또한 고용증가율은 12~45%로 매우 높다.[2] 이에 따라 주요국의 일자리 창출은 스타트업 가운데 주로 스케일업 기업에서 만들고 있다. 미국은 5% 이상 성장하는 스케일업 기업이 새로운 일자리의 2/3를 만들어내고, 영국은 6%의 고성장 기업이 54%를 창출한다. 한국에서도 9.8%의 고성장 스케일업 기업이 신규 고용의 33.4%를 차지했다.[3]

스케일업은 스타트업 생태계의 패러다임이 한 단계 진화했음을 가리킨다. 이와 관련해 인터뷰에 응한 스타트업 CEO들에게 죽음의 계곡을 건넌 소감을 물으면 한결같이 고개를 저었다. 그들은 외발자전거를 타는 심정으로 성장 아니면 소멸하는 퇴로 없는 전쟁을 계속하고 있었다. CEO는 자신의 기업이 성장하기 위해 스케일업 단계에 안착해야 한다는 사실을 정확히 알고 있었다.

스케일업은 스타트업의 경제적 효과가 가시적으로 나타나는 단계다. 이제 생태계의 중심 그리고 정책의 방향이 스케일업을 향해야 한다.

START-UP NATION

한국 스타트업 생태계의 기초 체력이 튼튼하다면 더디더라도 언젠가 수많은 유니콘을 배출할 수 있다. 유니콘의 존재는 한국 스타트업의 필요조건이지, 충분조건이 아니다. 오히려 많은 유니콘을 배출할 수 있도록 지금의 스타트업을 예비 유니콘으로 육성하는 정책이 필요하다.

START-UP
NATION

CHAPTER 11

한국 경제의 희망, 스타트업 네이션

마지막 장에선 스타트업 CEO의 외침을 국가적으로 수용해 현실화하는 방안을 제시하려 한다. 스타트업 성공은 기업 내부의 끝없는 혁신이 전제되어야 하지만 기업 외부의 환경 조성도 중요하다. 외부 환경에서 가장 중요한 부분이 정책이다. 스타트업은 파괴적 혁신으로 기존 산업을 대체하거나 지금까지 존재하지 않았던 새로운 분야를 창출한다. 따라서 기존 산업에 적합한 정책이 스타트업에게 족쇄로 작용하기도 한다. 또한 스타트업이 만들어낸 새로운 시장에 적용할 정책이 없어서 스타트업이 비즈니스 기회를 놓치기도 한다.

스타트업 정책은 이미 존재한다. 주요 선진국과 마찬가지로, 한국은 다양한 방법의 지원과 규제를 포함한 스타트업 정책을 펴고 있다. 정권이 바뀔 때마다 스타트업 육성이 경제 정책의 최우선에 오를 만큼 국가적 관심도 크다. 하지만 스타트업 CEO는 여전히 불만을 토로한다. 지원은 비효율적이고, 규제는 성장을 가로막는다. 정부는 현장의 요구에 귀 막은 채 장밋빛 전망으로 가득한 수치를 내놓을 뿐이다.

예를 들어 2019년 1월 과학기술정보통신부는 '데이터 · AI 경제 활성화 계획'을 내놓으며 5년 안에 AI 유니콘을 10개 육성하겠다고 발표했다. 이를 위해 7조 7,000억 원이라는 엄청난 예산을 투입하고 규제 개선과 제도 완화에도 나설 예정이다. 하지만 현실은 녹록지 않다. 2018년 기준 글로벌 유니콘 현황에서 한국은 고작 3개를 보유했을 뿐이다. 그것도 쿠팡(이커머스), 크래프톤(게임), 엘앤피코스메틱(뷰티) 등 AI와 전혀 상관없는 분야다. 그런데도 정부는 5년 안에 AI 한 분야에서만 유니콘 10개 확보를 자신한다. AI는 돈으로 얻을 수 없다. 투자도 중요하지만 충분한 기술과 노하우가 축적되어야 가능하다. 정부 발표는 AI 육성을 위한 의지의 표현이지 달성할 수 있는 정책적 목표가 아니다.

스타트업 네이션 10×10

4차 산업혁명 시대의 성장 원동력은 스타트업이다. 그래서 한국을 스타트업 국가로 바꾸겠다는 당위성에 대해선 모든 경제 주체가 동의한다. 핵심은 이러한 목표를 어떻게 달성하느냐에 있다. 현실적으로 달성 가능한 목표를 제시해야, 이에 합당한 실현 방안을 채택할 수 있다.

하지만 스타트업 고용에 대한 정확한 통계가 존재하지 않기 때문에 목표를 수립하는 것부터 난관이다. 중소벤처기업부는 매년 〈벤처기업 정밀실태조사〉를 발표한다. 2018년에 3만 5,187개 벤처기업이 76만 2,856명을 고용하고 225조 2,753억 원의 매출을 올렸다. 상위 5대 그룹의 전체 고용과 비슷하고 매출은 국내 최대 기업인 삼성전자에 육박한다. 그렇다면 이 조사에서 스타트업은 얼마나 존재할까? 정답은 '모른다' 이다.

정부와 정치인이 스타트업 활성화를 말하지만 정작 한국 스타트업의 현황을 알려줄 정확한 통계 수치가 존재하지 않는다. 담당 부처인 중소벤처기업부의 홈페이지에서 스타트업과 관련된 통계와 지표를 찾을 수 없다. 게다가 별도로 운영하는 'K-Startup' 홈페이지도 온통 창업에 관한 내용뿐이다. 극단적으로 말하자면 치킨집과 카페도 창업에 속하기 때문에 관련 통계로 잡힐 수 있다. 따라서 스타트업 현황은 벤처기업 조사에서 기술 기반 벤처를 특정하거나 VC 투자액으로 가늠한다. 물론 쉽게 나타나서 쉽게 사라지는 스타트업 특성상 현황을 파악하기 쉽지 않다는 점은 이해할 수 있다. 그렇다고 해도 4차 산업혁명 시대에 스타트업이 차지하는 중요성에 비해, 그리고 국가 경제 구조를 스타트업 중심으로 재편하려는 노력에 비해 정책의 기초가 허술하다는 비판은 피할 수 없다.

그래서인지 지금까지 스타트업 정책은 유니콘 출현에 맞춰져 있다. 유니콘은 국가의 스타트업 역량을 평가하는 데 의미가 있다. 〈포브스〉 500대 기업에 얼마나 포함되느냐에 따라 국가 경쟁력을 가늠하듯, 10억 달러 이상의 기업가치를 지닌 유니콘은 국가의 스타트업 역량을 평가하는 데 있어서 의미가 있다.

하지만 유니콘을 늘리는 게 스타트업 정책의 전부여서는 안 된다. 오히려 유니콘이 출현할 수 있도록 예비 유니콘을 늘리는 스타트업 정책이 더 중요하다. 사실 유니콘 개수를 늘리는 방안은 쉽지 않지만 단기간에 충분히 가능하다. 현재 전 세계 유니콘 가운데 미국과 중국을 제외한 국가의 유니콘을 살펴보면 공통점이 있다.

이들 국가의 유니콘은 핀테크, 헬스케어, 주문형 서비스, e커머스에 집중되어 있다. 달리 말하면 미국과 중국은 대규모 내수 시장을 가졌기 때문에 앞서 말한 분야 외에도 AI, 로봇, 미디어와 디지털 콘텐츠, 사이버 보안 등 다양한 분야에서 유니콘을 성장시킬 여력이 있다. 하지만 나머지 국가는 모든 분야의 스타트업을 유니콘으로 성장시키는 데 한계가 있다. 따라서 미국과 중국을 제외한 나머지 국가들은 유니콘을 늘리기 위해 선택과 집중이 필요하다.

한국에서 핀테크, 헬스케어, 주문형 서비스, e커머스 분야는 규제 개선만 이뤄지면 빠르게 새로운 유니콘을 만들 수 있다. 예를 들어 주문형 서비스를 살펴보자. 주문형 서비스는 택시처럼 사람이 사람을 나르거나, 택배처럼 사람이 물건을 나르는 모든 것을 모바일로 처리한다. 따라서 e커머스와 함께 가장 많은 유니콘이 출현하는 분야다. 현재 주문형 서비스를 제공하는 유니콘은 택시, 농수산물, 피자, 레스토랑 음식, 우편물, 택배, 도시락 등 다양한 분야에 걸쳐 존재한다.

우버와 그랩에서 알 수 있듯이, 주문형 서비스 분야는 규제만 풀어주면 다수 업체가 치열하게 경쟁한 후 인수합병과 도태를 거쳐 소수의 대형 업체만 살아남는 시장 정비가 단기간에 이뤄진다. 다른 분야에 비해 상대적으로 빠르게 유니콘이 출현할 수 있는 이유다. 이외에도 클라우드처럼 스타트업 성장에 필수적으로 수반되는 인터넷 서비스와 오랫동안 한국이 강점을 보이는 게임 분야에서도 단기간 내 유니콘 출현을 기대할 수 있다.

선택과 집중을 통해 단기간에 유니콘을 만드는 일도 중요하다. 유니콘은 한국 경제에서 사라진 신화를 다시 불러일으킬 수 있다. 정주영에서, 이건희를 거쳐, 이찬진에 이르기까지 한국 경제는 여러 신화를 가진다. 이러한 신화는 경제 주체에게 자신감을 불러일으키고 시장에 대한 신뢰를 높였다. 하지만 2000년 중반 이후 한국 경제는 신화를 잃어버렸다. 경제 주체는 우왕좌왕하고 시장은 출구가 보이지 않는 침체의 터널에서 헤매고 있다. 유니콘은 이러한 한국 경제에 새로운 신화로 기능하며 활력을 불어넣을 수 있다.

그럼에도 불구하고 스타트업 정책이 유니콘에 집중해서는 안 된다. 한국 스타트업 생태계의 기초 체력이 튼튼하다면 더디더라도 언젠가 수많은 유니콘을 배출할 수 있다. 유니콘의 존재는 한국 스타트업의 필요조건이지, 충분조건이 아니다. 오히려 많은 유니콘을 배출할 수 있도록 지금의 스타트업을 예비 유니콘으로 육성하는 정책이 필요하다. 이 책이 말하려는 스타트업 정책의 핵심이 여기에 있다.

인터뷰에 응한 스타트업 CEO들은 한결같이 어떻게 시작하느냐보다, 어떻게 성장하느냐에 주목했다. 그들은 매출과 고용이 획기적으로 늘어나는 단계는 창업(startup)이 아니라, 창업 이후 '죽음의 계곡'을 넘어서야 가능한 성장(scaleup)에서 이뤄진다고 보았다. CEO뿐만 아니다. 《하버드 창업가 바이블》의 저자 다니엘 아이젠버그(Daniel Isenberg) 하버드대학교 교수는 "스타트업은 중요하다. 그러나 그보다 더 중요한 것은 스케일업이다"라고 주장했고, 이를 입증하듯 미국, 영국, 덴마크 등 주요 선진국은 스타트업과 동시에 스케일업 이니셔티브를 운영하고 있다.

이 책이 스타트업 CEO의 의견을 고려해 제시하려는 정책은 '스타트업 네이션(Startup Nation) 10×10'이다. 여기에서 '스타트업 네이션'은 한국 경제 구조를 스타트업 중심으로 새롭게 재편하려는 당위를 상징한다. 그리고 '10×10'은 스타트업 국가로 전환하기 위한 목표를 의미한다. 이를 통해 '스타트업 네이션 10×10'은 스타트업의 개수와 고용 규모를 10년 이내에 10배 이상 끌어올리겠다는 청사진을 포함한다. 그리고 이를 달성하기 위한 4대 실천 방안을 다음과 같이 제시한다.

10대 하이테크 분야별 예비 유니콘 10개를 육성하라

'스타트업 네이션 10×10'을 실현할 첫 번째 방안은 4차 산업혁명을 주도할 10대 하이테크 분야에서 천억 원대 예비 유니콘을 10개씩 만들어내는 것이다. 이를 위해 필요한 부분은 경험의 축적이다. 로봇, 빅데이터, 콘텐츠, 바이오, AI, 그린에너지, 소프트웨어 등 하이테크 분야의 기술력은 돈을 쏟아붓는다고 당장

얻을 수 없다. 수많은 시행착오를 거쳐 축적된 지식과 노하우가 필요하다.

당연히 단기간에 달성할 수 없는 목표다. 게다가 해당 분야의 시장이 언제 열릴지도 모른다. 언젠가 반드시 열리고, 그때 기술력을 보유한 기업이 시장을 독식할 가능성이 크지만 분명한 시장 수요를 예측하기 힘들다. 따라서 시장에서 가치를 결정하는 유니콘의 잣대를 경험의 축적이 필요한 하이테크 분야 스타트업에 들이대서는 안 된다.

하이테크 분야의 예비 유니콘을 육성하기 위해 한국은 이스라엘에 주목해야 한다. 미디어가 여러 번 조명했듯이 이스라엘은 스타트업 국가다. 840만 명의 작은 나라에 스타트업이 7,000개가 넘는다. 3억 2천만 명의 미국에서 스타트업이 10,000개인 점을 고려하면 이스라엘의 스타트업 숫자는 실로 놀랍다. 게다가 나스닥에 100개 이상의 스타트업을 상장시킨, 미국, 중국에 이은 그 수가 세 번째로 많은 국가다.

하지만 이스라엘 스타트업 가운데 유니콘으로 성장한 기업은 3개에 불과하다. 한국과 같은 수준으로, 스타트업 국가라는 명성에 걸맞지 않은 수치다. 이것이 의미하는 바는 무엇일까? 유니콘은 시장성이 뒷받침되어야 한다. 그리고 시장성은 기술력보다 우위에 있다. 예를 들어 세계 최대 스타트업 가운데 하나인 우버는 자율주행 기술에 투자하지만, 정작 우버를 유니콘으로 만든 분야는 기사가 직접 고객을 나르는 서비스다.

이스라엘 스타트업은 다르다. 이스라엘 스타트업은 시장성보다 기술력에 집중한다. 그들은 사이버 보안, AI, 바이오 등 하이테크 분야에서 두각을 보인다. 이를 통해 미국과 중국의 대기업, 스타트업, 투자자에게 그것을 매각하거나 뉴욕과 프랑크푸르트에서 기업을 공개한다. 결국 이스라엘 스타트업은 '스타트업을 위한 스타트업'으로 기능한다.

이스라엘은 작은 시장 규모와 불안한 지정학적 상황에도 불구하고 스타트업 국가를 완성했다. 한국은 이러한 이스라엘을 철저히 분석하고 모방해야 한다. 이스라엘처럼 인력과 기술력으로 승부하는 한국은 소수의 유니콘보다 다수의 예비 유니콘을 키우는 것이 스타트업 생태계를 조성하고 4차 산업혁명을 주도하는 데 더욱 효과적이다.

'퍼스트 무버'가 강조되는 스타트업 생태계이지만, 스타트업 정책에 있어서 '패스트 팔로어(fast follower)'가 여전히 유효하다. 단, 이 과정에서 '한국형' 정책은 당분간 제외해야 한다. 우리는 오랜 경험을 통해 '한국형'이라는 타이틀이 붙는 정책이 얼마나 엉망으로 진행되는지 알고 있다.

진입장벽 제거를 위한 정책은?

한국은 다양한 스타트업 정책을 수립해 시행한다. 하지만 스타트업 정책에 대한 논란은 끊이지 않는다. 스타트업은 규제 철폐를 주장하고 실효성 있는 대안을 요구하지만 정부와 정치권의 피드백은 요원하다. 한국 스타트업 생태계는 정책이 없어서 문제가 아니라 방향성과 집행이 일관되지 않아서 문제다.

인터뷰에 응한 스타트업 CEO도 이 점을 분명히 했다. 규제 개선에 대한 의견을 물으면 그들은 정책 효용성을 비판했다. 동시에 담당 부처와 공무원을 이해하려는 자세도 보였다. 지금은 필요 없는 정책도 만들어질 당시에는 사회적, 경제적 요구를 만족했고, 정책 담당자는 여전히 이것을 충실히 시행하기 때문이다. 스타트업 정책의 해답은 여기에 있다. 정책 담당자가 스타트업 요구를 적절히 그리고 알아서 수용하도록 시스템을 갖춰야 한다.

'스타트업 네이션 10×10'을 달성하기 위해 진입장벽을 제거해야 한다. 장벽 제거란 대부분 규제 철폐를 가리키지만, 필요한 규제를 만들어 정책의 사각지대에 놓이지 않도록 세심히 배려하는 것도 포함한다. 이미 진입장벽 제거를 위한 다양한 방안이 제기되었다. 할 수 있는 것을 제외한 나머지를 금지하는 포지티브

식 규제에서, 하지 말아야 하는 것을 제외한 나머지를 허용하는 네거티브 규제로의 전환이 대표적이다. 특정 요건 아래서 새로운 기술과 서비스에 대한 규제 적용을 유예하는 규제 샌드박스 제도와 5년 정도 규제를 완전히 면제해주는 규제 프리 제도도 있다. 이 밖에 규제 신설과 강화를 방지하기 위한 사전영향 평가와 규제일몰제 의무화 방안도 있다.

장벽을 제거하기 위해 다양한 방안이 제시되지만 스타트업은 여전히 공고한 장벽에 갇혀 있다고 울부짖는다. 정부와 정치권은 항상 목청 높여 장벽을 제거하겠다고 장담하지만 정작 장벽 제거를 위한 방안을 수용할 의지가 크지 않다. 따라서 정책 담당자가 스스로 장벽을 제거할 수 있도록 더욱 강력한 대책이 필요하다.

정책 표준화는 이에 대한 효과적 솔루션이 될 수 있다. 정책 표준화는 주요 선진국에서 공통으로 도입한 스타트업 관련 기술과 서비스를 한국에서 무조건적이며 자동적으로 허용하는 방안이다. 다시 말해 선진국과 동일한 규제를 채택해 글로벌 스탠더드를 확보하는 방안이다. 예를 들어 공유숙박 서비스가 OECD 회원국 중 10개국 이상에서 가능하다면 중소벤처기업부는 1년의 유예 기간을 거쳐 한국에서도 같은 서비스를 허용한다. 이때 발생하는 사회적 저항에 대해 중소벤처기업부는 유예 기간 동안 대책을 국회에 보고해야 하지만, 대책 미비를 근거로 서비스 도입 자체를 막을 수 없게 한다.

이것은 정책 주권을 일정 부분 포기하고 한국 상황에 배치되는 환경적 요인으로 인해 여러 부작용을 낳을 수 있다. 하지만 스타트업을 둘러싼 장벽은 이 정도의 극단적 대책이 아니고서는 해결할 수 없다. 적어도 정책 표준화는 주요 선진국에 뒤지지 않도록 정책적 환경을 만드는 데 최소한의 토대를 제공한다는 점에서 의미 있다. 예상 가능한 우려와 논란에도 불구하고 이러한 대책을 도입하는 이유는 간단하다. 스타트업이 리스크를 감내하듯이 국가와 사회 역시 경쟁력 있는 스타트업 생태계를 위해 정책적 리스크를 감내하는 스타트업 정신을 발휘해야 한다.

'스타트업 배드뱅크'로 경험 축적

경험의 축적은 스타트업 CEO가 한결같이 지적하는 성장 비결이다. 시간과 기술의 인내가 있어야 스타트업은 시장에서 인정하는 경쟁력을 갖출 수 있다. 역으로 말하자면 한국 스타트업의 성장이 정체된 이유 역시 경험을 축적하지 못하기 때문이다. 따라서 경험을 축적하도록 지원하는 시스템은 스타트업 정책에 반드시 포함되어야 할 전략이다.

스타트업의 핵심은 기술과 아이디어다. 그리고 기술과 아이디어를 가진 인력을 존중해야 한다. 따라서 기업은 사라져도 기술과 아이디어를 유지하고 스타트업 인력이 자유롭게 이동할 수 있어야 한다.

이를 위해 스타트업 배드뱅크(bad bank)가 필요하다. 배드뱅크의 원래 의미는 금융 기관의 부실자산이나 채권을 처리하기 위한 전문 기구다. 이와 비슷하게 스타트업 배드뱅크는 실패한 스타트업의 기술과 아이디어를 전문적으로 처리한다. 다만 배드뱅크가 부실자산을 처리하는 게 목적이라면, 스타트업 배드뱅크는 부실기업의 유망한 기술과 아이디어를 축적한다는 것에 차이가 있다. 이에 따라 배드뱅크가 한시적으로 운영된다면 스타트업 배드뱅크는 상설 조직으로 기능해야 한다.

스타트업 배드뱅크의 기본 원리는 실패를 인덱싱(indexing)하는 데 있다. 스타트업이 왜 실패했는지 파악하고, 파산한 스타트업의 기술을 다른 스타트업이 활용할 수 있도록 실패를 분류하는 것이 중요하다. 이를 통해 새로운 스타트업은 시장 진입에 필요한 기술을 적은 비용으로 확보하고 이전 실패를 반복하지 않을 수 있다.

지금은 한 번의 경영 실패가 스타트업의 모든 노하우를 물거

품으로 만들어버린다. 하지만 한 번의 성공을 위해 99번의 실패가 선행하듯이 스타트업 성공은 반드시 축적된 경험에서 비롯한다. 따라서 어느 스타트업이 왜, 어떻게 실패했는지는 다른 스타트업에게 무엇과도 비교할 수 없는 인사이트를 안겨준다. 나아가 개별 실패 경험을 국가적으로 축적한다면 궁극적으로 모든 스타트업의 실패 횟수와 정도를 줄일 수 있다. 스타트업 배드뱅크가 이 역할을 담당한다.

스타트업 배드뱅크는 실패한 스타트업 CEO에게도 유효하다. 앞서 언급했듯이 스타트업은 최소 3회 이상 실패한다. 그렇다면 실패 후 스타트업 CEO가 재기하도록 기회를 줘야 스타트업 생태계가 끊이지 않고 유지된다. 그래서 지금까지 정부 정책은 실패한 CEO에게 또다시 창업에 나서도록 지원하는 데 집중했다.

이제는 무작정 기회를 주기에 앞서 실패 경험을 계기로 자신의 경영 전략을 다듬을 축적의 시간이 필요하다. 이에 대해 스타트업 CEO는 한결같이 말한다. 스타트업을 하려는 사람은 어떻게든 스타트업을 한다.

따라서 어떻게든 창업하려는 사람뿐 아니라 상황에 따라 창업과 취업을 동시에 고민하는 사람에게도 스타트업의 문호를 넓혀야 한다. 이러한 측면에서 실패 이후 또 다른 창업이 아니라 취업을 지원하는 것이 정책의 한 축이어야 한다. 실패 이후의 길이 창업에 한정하지 않고 취업으로도 이어진다면, 더 많은 청년이 스타트업에 도전할 수 있다. 이때 스타트업 배드뱅크는 실패한 경험을 이력으로 인정해주는 기능을 담당한다.

스타트업의 창의성은 역발상에서 비롯한다. 그렇다면 스타트업 정책도 역발상이 필요하다. 실패를 줄이는 것이 아니라 스타트업 배드뱅크처럼 축적하는 방식에서 새로운 길을 모색해야 한다.

출구 전략에 입각한 스타트업 금융

스타트업을 위한 다양한 금융이 존재한다. 이것은 많은 돈이 다양한 스타트업에 유입되도록 지원한다. 모태펀드를 조성해 마중물 역할을 하고 직접 스타트업에 투자하기도 한다. 그래서 대부분 스타트업 금융 정책은 시작하는 기업을 위해서 존재한다.

하지만 마무리를 위한 스타트업 금융은 없다. 들어가기 위해 많은 돈을 투입하면서도, 정작 성공해서 나갈 수 있도록 지원하지 않는 아이러니가 스타트업 금융의 현실이다. 이러다 보니 막대한 예산을 투자하면서도 스타트업 성공의 과실을 누리지 못한다.

이제 스타트업 출구 전략을 위한 금융이 필요하다. 최소한 70% 대 30%의 수준에서 스타트업 금융 정책이 조정되어 스타트업이 스케일업을 거쳐 예비 유니콘이 되도록 지원해야 한다. 여기서 70%는 창업과 성장에 초점을 맞추고, 나머지 30%는 출구 전략에 특화한다.

지금까지 스타트업 출구 전략을 위한 방법은 크게 M&A와 기업공개로 나뉜다. 그렇다면 출구 전략에 특화한 금융 정책은 일차적으로 M&A와 기업공개를 활성화하는 방안에 집중해야 한다. M&A와 기업공개를 활성화하는 가장 효과적 방법이 세제 혜택이다. M&A와 기업공개를 시도할 정도의 스타트업이라면 경쟁력은 기본적으로 확보한 상황이다. 따라서 스타트업 시장과 금융 시장에서 거래가 활발히 이뤄지도록 자극해야 한다.

물론 지금도 세제 혜택에 근거한 활성화 정책이 존재한다. 예를 들어 정부는 대기업이 스타트업과 벤처기업을 M&A할 경우 상호출자제한 편입을 7년까지 유예해준다. 또한 기술혁신형 M&A는 세제 지원 기준을 순자산 시가의 150% 이상에서 130% 이상으로 완화했고, 투자 목적의 사모펀드(PEF)에 대해 세제 혜택을 부여한다. 하지만 이러한 방식은 수동적이고 소극적이다. 금융 때문에 스타트업 M&A와 기업공개가 이뤄질 수 있도록 능동적이면서 공격적인 방안이 필요하다.

이를 위해 파격이 필요하다. 가령 스타트업이 스타트업을 M&A할 경우 관련된 모든 세금을 면제하는 방안을 생각할 수 있다. 미국에서 스타트업 M&A를 주도하는 기업은 구글과 아마존 같은 스타트업 기반 대기업이다. 중국도 텐센트, 알리바바, 바이두를 중심으로 M&A 시장이 움직인다. 국내 스타트업 CEO도 M&A는 주로 스타트업 사이에서 발생한다고 말한다. 삼성전자가 이스라엘 스타트업을 사들이듯 전통 산업의 대기업이 스타트업을 M&A하는 경우도 있지만 스타트업을 사줄 곳은 역시 스타트업뿐이다. 따라서 특정 기준에 근거해 정부가 인증한 스타트업일 경우 M&A에 동반되는 모든 세금을 면제해주는 파격적 방안이 도입되어야 한다.

기업공개에서도 마찬가지다. 한국 스타트업이 기업공개에 걸리는 시간은 13년으로, 미국의 7년에 비해 거의 두 배나 느리다. 그만큼 투자금은 신속히 회수되지 못하고 계속 묶여 있다. 여러 가지 제약으로 인해 기업공개에 걸리는 시간을 줄일 수 없다면, 역으로 일정 기간 이상 투자금에 대해 세금을 면제해주는 방안을 고려할 수 있다.

예를 들어 한 스타트업에 7년 이상 투자한 금액 중 100억 이하에 대해 세금을 면제하는 방안이다. 이를 통해 대박이 아니더라도 이른 시점에서 적절히 수익을 실현해 스타트업과 투자자 모두 제2의 도전에 나설 수 있도록 도와줘야 한다.

이러한 방안은 특혜에 가깝다. 이것이 도입되면 공정성과 형

평성을 둘러싼 사회적 논란이 발생할 수 있다. 하지만 산업을 육성하기 위해 특혜에 가까운 정책이 도입되어야 한다. 규제를 풀어주고 세금을 깎아주는 것 이상의 산업 활성화 정책은 없다. 게다가 이러한 정책은 일자리와 부가가치 창출에 있어서 깎아주는 세금 이상의 효과를 가진다.

세제 혜택이 일차적 방안이라면 스타트업 정책 금융은 근본적 방안이다. 국내 인터넷 산업이 정보통신부의 존재로 발전했듯이 한국 스타트업을 책임질 주체가 필요하다. 지금의 중소벤처기업부가 역할을 확대해도 되고 새로운 스타트업부를 신설해도 된다. 핵심은 책임 주체가 반드시 정책 금융을 확보해야 한다는 점이다.

새로운 산업을 일으키기 위해 정책 금융은 필수적이다. 더욱이 스타트업은 실패의 경제이기 때문에 공적 부문에서 리스크를 분담하는 헷징(hedging) 전략이 절실하다. 스타트업 정책 금융이 창업에서 M&A와 기업공개에 이르는 기업 생애 전 과정에 밀접히 연계되어 유기적으로 작동해야 한다.

무엇이든 들어가면 나와야 한다. 스타트업에 있어서 출구는 수익 실현이다. 이 과정에서 정부의 작은 손실이 국가적으로 큰 이득으로 전환될 수 있도록 출구 전략에 입각한 스타트업 금융 정책을 고민해야 한다.

지속 가능한 성장을 위한 제언

산업혁명이 발생할 때마다 해당 시기별로 경제를 지배하는 산업이 존재했다. 증기기관으로 촉발된 산업혁명은 전기와 전력을 포함하는 에너지가 핵심이었다. 인터넷 혁명으로 촉발된 디지털 산업혁명은 IT가 중심이었다. 그리고 4차 산업혁명 시대의 총아는 스타트업이다. 스타트업 경쟁력은 4차 산업혁명 시대의 국가 경쟁력을 좌우하는 바로미터다. 따라서 이 책이 말하는 스타트업 네이션 10×10은 지속 가능한 규모를 달성해 스타트업을 국가 경제의 한 축으로 성장시키려는 정책적 목적으로 이어진다.

스타트업이 기존 산업과 차별화되는 부분은 많이 생기고 많이 망하는 데 있다. 이것은 불확실성인 동시에 역동성을 의미한다. 이것이 성장에 필요한 경쟁을 만들어낸다. 따라서 스타트업이 장기적으로 생존할 수 있는 환경을 정책적으로 만들기 위해, 역설적으로 스타트업의 진출입을 자유롭게 보장하는 데 초점을 맞춰야 한다.

지속 가능한 성장은 경쟁을 제한하는 정책적 보살핌에서 발생할 수 없다. 오히려 공정하게 경쟁할 수 있도록 시장의 원칙을 분명히 하고 성공의 과실을 오로지 향유할 수 있어야 한다.

또한 이 과정에서 발생하는 실패를 개인에게 돌리지 않고, 사회적 경험으로 축적될 수 있도록 조치해야 한다.

앞서 말한 스타트업 네이션 10×10의 4대 실천 방안은 스타트업의 지속 가능한 성장을 위한 구체적 화두이지, 정답은 아니다. 사실 스타트업은 정답이 없다. 성공 이유가 다르고 실패 원인도 천차만별이다. 그래서 우리는 앞서가는 스타트업 선구자에 주목해야 한다. 정답이 없기에 경험이 더욱 중요하다. 이 책에서 소개한 CEO 7인은 정답이 없는 스타트업의 길에 방향성을 제시한다. 그리고 그들의 경험에 근거해 이 책은 지속 가능한 환경을 조성하기 위한 제언을 던진다. 이제 공은 넘어갔다. 다음 차례는 한국 경제가 이 제언을 어떻게 받아들이느냐에 달려 있다.

주

• 1장 •

1 CB Insights, The Global Unicorn Club: Current Private Companies Valued at $1B+. www.cb insights.com/research-unicorn-companies

2 지디넷(2018.12.11), '5초 만에 지급' 중국 첫 블록체인 보험금 청구. www.zdnet.co.kr/news/new s_view.asp?artice_id=20181211081750&type=det&re=zdk

3 지디넷(2018.10.04), '미 국방부↔군, 중국산 DJI 드론 구매 놓고 갈등'. www.zdnet.co.kr/news/ne ws_view.asp?artice_id=20181004080523&type=det&re=zdk

4 ITIF(2017), How technology-based start-ups support U.S. economic growth.

5 Moretti, E.(2012), *The New Geography of Job*, NY: Houghton Mifflin Harcourt.

6 한국무역협회(2018.11.28), '유럽 스타트업의 성장과 위기 극복'. ntis.kita.net/article/detail/articleTmplG PO10Det.t32.do?board_type=&menuGrp=01&menuCd=13020&continent=AF&recordCountPerPage=10&fromDate=&toDate=&searchKeyword=&pageIndex=1&no=2723&tabNm=

7 한국경제연구원, 〈핀란드 경제 위기 극복의 원동력: 혁신역량과 규제완화〉.

8 〈해럴드경제〉(2018.10.18), '동남아보다 못한 스타트업 생태계 한국 공유 경제 불모지 오명 씻을까'. news.heraldcorp.com/view.php?ud=20181018000521

9 PayScale, www.payscale.com/data-packages/top-tech-companies-

compared/tech-salaries

10 〈중앙일보〉(2017.02.20), '문 닫는 식당까지 넣어 "벤처 62% 3년 내 폐업한다니…"'. news.joins.com/article/2128650411 The World Bank(2018). Doing Business 2018: Reforming to create jobs

12 〈디지털타임스〉(2018.11.05), '재도전 생존율이 최초창업보다 높은 이유'. www.dt.co.kr/contents.html?article_no=2018110602102369640001

13 혁신성을 중시하는 소비자가 주도하는 초기 시장과 실용성을 중시하는 소비자가 이끄는 주류 시장 사이 일시적으로 수요가 정체하거나 후퇴하는 현상을 뜻한다.

14 Moore, J.(2014), Crossing the Chasm (3rd Edition): *Marketing and selling disruptive products to mainstream customers*, Collins Business Essentials.

15 구글서울캠퍼스 · 아산나눔재단(2017). 〈4차 산업혁명을 주도하기 위한 스타트업코리아!〉.

16 World Intellectual Property Organization(2018). Global Innovation Index 2018: Energizing the World with Innovation.

• 2장 •

1 사물이나 데이터를 군집화하거나 분류하는 데 사용하는 기술이다.

2 민간 투자 주도형 기술창업 지원을 의미한다.

• 4장 •

1 확산대역(spread-spectrum) 기술을 이용한 디지털 이동통신 방식으로 기존 아날로그 방식보다 수용 용량이 10배가 넘고 통화 품질이 우수하다.

2 B2B 형태의 IT 서비스.

2 IT와 관련된 수많은 요소들을 결합시켜 하나의 시스템으로 운영될 수 있도록 하는 것.

• 5장 •

1 만화 박람회.

2 소니가 개발한 가정용 게임기.

3 회계프로그램을 비롯한 기업을 위한 서비스를 제공하는 ICT 기업. 여기선 더존에서 만든 프로그램을 이른다.
4 인간의 자연어로 묻는 질문에 답할 수 있는 IBM사의 초고성능 AI 슈퍼컴퓨터.
5 보험(Insurance)과 기술(Technology)의 합성어. AI 등을 활용해 기존 보험 산업을 혁신하는 서비스를 말한다.

• 7장 •

1 자신의 이익만을 추구해 사회에 피해를 주는 것을 뜻하는 말이다.

• 8장 •

1 한 조직 내에서 실질적 권력을 점유하고 절대적인 영향력을 행사하는 핵심 집단을 이르는 말이다.
2 새로운 분야를 개척하는 선도자를 말한다.
3 무역 진흥과 국민 경제 발전에 이바지할 목적으로 설립된 정부 투자 기관.

• 9장 •

1 개인이나 소수의 사람이 특수한 분야에 사용하기 위해 만들어진 고성능 컴퓨터를 이른다.
2 남을 모방하는 사람이나 기업, 제품 등을 일컫는 말이다.

• 10장 •

1 '호모 라보르'는 일하는 인간, '호모 루덴스'는 노는 인간이라는 뜻이다.
2 과학기술정책연구원(2016), 《2016년 고성장 기업의 특성과 성장궤적》. 정보통신기술신흥센터(2017), 〈ICT 스케일업 기업의 고용창출 효과에 관한 탐색적 분석〉. 중소벤처기업부(2017), 〈고성장 기업, 일반기업에 비해 일자리 창출 역량 월등〉.
3 한국산업은행(2017), 〈일자리 창출을 위한 스타트업의 스케일과 시사점〉.

유니콘의 기적이 시작되는
스타트업 네이션

제1판 1쇄 발행 | 2019년 4월 1일
제1판 2쇄 발행 | 2019년 4월 15일

지은이 | 손영택
펴낸이 | 한경준
펴낸곳 | 한국경제신문 한경BP
책임편집 | 김종오
저작권 | 백상아
홍보 | 김새누리 · 이여진 · 조남경
마케팅 | 배한일 · 김규형
디자인 | 지소영
본문디자인 | 디자인 현

주소 | 서울특별시 중구 청파로 463
기획출판팀 | 02-3604-553~6
영업마케팅팀 | 02-3604-595, 583 FAX | 02-3604-599
H | http://bp.hankyung.com E | bp@hankyung.com
T | @hankbp F | www.facebook.com/hankyungbp
등록 | 제 2-315(1967. 5. 15)

ISBN 978-89-475-4465-8 03320

책값은 뒤표지에 있습니다.
잘못 만들어진 책은 구입처에서 바꿔드립니다.